如何培养孩子的
社会能力

潘鸿生 编著

RUHE PEIYANG HAIZI DE

SHEHUI

NENGLI

北方联合出版传媒(集团)股份有限公司

万卷出版公司

图书在版编目（CIP）数据

如何培养孩子的社会能力 / 潘鸿生编著 . -- 沈阳：
万卷出版公司 , 2021.11
ISBN 978-7-5470-5691-2

Ⅰ . ①如… Ⅱ . ①潘… Ⅲ . ①家庭教育　Ⅳ . ① G78

中国版本图书馆 CIP 数据核字（2021）第 153415 号

出 品 人：王维良
出版发行：北方联合出版传媒（集团）股份有限公司
　　　　　万卷出版公司
　　　　　（地址：沈阳市和平区十一纬路 25 号　邮编：110003）
印 刷 者：永清县晔盛亚胶印有限公司
经 销 者：全国新书华店
幅面尺寸：170mm×230mm
字　　数：170 千字
印　　张：16
出版时间：2021 年 11 月第 1 版
印刷时间：2021 年 11 月第 1 次印刷
责任编辑：李　坪
责任校对：张兰华
ISBN 978-7-5470-5691-2
定　　价：45.00 元
联系电话：024-23284442

前 言

　　社会能力是指一个人处理日常生活及其在社会环境中求生存的能力。人是社会动物，社会能力几乎是每个成熟的社会人都必须具备的能力。孩子未来是要与社会相处的，没有社会能力的孩子很难取得成功。

　　一般来说，社会能力主要包括两方面的内容：一是对社会的适应能力，比如孩子的各种技能等，这些我们可以通过家庭、学校等途径帮助孩子巩固知识体系，独立完成生活中的简单工作，提高专业技能。二是社会技能。这也是最重要的部分，包括与他人交往的行为、与人沟通的能力、自我表达的态度等。

　　社会能力是现在学校和家庭教育中最薄弱的一个环节。一个孩子成绩不理想的话，家长会急得不得了，至于孩子人际关系不好，就没有几个家长会焦虑得睡不着觉了。试想，一个人从小只注重考试成绩，不关心跟别人的沟通顺不顺畅，当他成年后面对职场上的压力，他只会想为什么别人不能帮我。他很难去想自己有没有关心身边的同事、朋友，甚至有的连家人都不知道怎么去关心，不夸张地说，这样的人是很难成就一番事业的。

社会能力是人在社会中生存的基本能力，是快乐、幸福的源泉，是孩子未来走向社会、适应社会的基础。对于孩子来说，社会能力与学习能力，是同等重要的，家长千万不要再陷入"仅仅以学业为重"的教育误区，要花些气力，让孩子学会人际交往，学会与人相处。

儿童心理学家哈塔布曾说："预测一个孩子成年后的生存能力，不是看他现在的学习成绩，也不是看他乖不乖，能不能遵守课堂纪律，最好的也是唯一的方法，就是看孩子能不能跟其他孩子合得来。"如果一个人在童年时期学会与他人恰当相处，成年后会具有较强的社会适应能力。因此，孩子的社会能力，是走上社会的关键能力，只有培养好孩子的社会能力，才可以使其胜任未来变幻莫测的变化，有终身的学习力，有能力获得属于他的幸福。

社会能力是孩子未来生存的必备能力。本书从当今家庭教育的实际情况和孩子的真正需求出发，总结了大量的经典教子理论、经验及案例，深入浅出、简单扼要地论述了如何培养孩子的社会能力，让孩子变得大方、自信起来，成为一个受人欢迎、优秀的好孩子！

目　录

第一章　放开双手，锻炼孩子的社会能力

第二章　克服不良心理，帮孩子扫除社交障碍

第三章 学会社交礼仪，让孩子拥有好人缘

第四章 掌握社交技巧，让孩子更具影响力

第五章　具备优秀的个人品质，孩子会更受人欢迎

第六章　协调各方关系，不断提升孩子的社会能力

第七章 具备了这些能力，孩子才能更适应社会

第一章
放开双手，
锻炼孩子的社会能力

松开紧握的手，让孩子自己走

众所周知，被喂养惯了的动物接受放养时，通常自己不会捕食。大自然的生存法则告诉我们：动物如果学不会自己捕食的话，就会被饿死。同样的道理，在父母庇护下长大的孩子通常没有在社会独自生存的能力。一旦父母因为一些原因无法顾及到他们，他们就只能被社会淘汰。

可现实情况却让我们颇为沮丧。家长往往喜欢当孩子的保护伞，每当孩子遇到困难或者障碍的时候，立刻出手，干净利索地替孩子解决问题。而且他们还认为，这样可以避免孩子遭受挫折，受到伤害。所以，当孩子去做自己不熟悉的事情时，家长也会小心翼翼地跟在身边，怕孩子做不好，怕孩子会吃苦、受罪……总而言之，他们舍不得放手，也不相信孩子能靠自己的努力把事情做好。

一位从事教育工作几十年的教授说："我如今越来越担忧中国的教育，尤其是中小学教育。孩子生活在父母的保护伞下，不经日晒，没有雨淋，就像生活在温室里的花朵。"的确如此，孩子从小到大，处处依赖父母。从幼儿园到小学、中学，乃至大学，孩子对父母的照顾习以为常。甚至孩子升学、就业，也是父母奔走操劳，替孩子选学校、选专业、找工作，不辞辛苦，替孩子包办到底。等孩子长大成人后，父母又要为他操办婚事，替他抚养孩子。有了父母尽心尽力的"包办"，难怪孩子会成为"温室里的花朵"。

有这样一个寓言故事：

观音菩萨一心要为凡间的人多做好事，可凡间的事实在太多，她两只手忙不过来，就向如来大佛请求，如来大佛给了她一百只手。

观音菩萨用一百只手为凡间做好事，可凡间的事实在太繁杂了，一百只手还忙不过来，她又向如来大佛恳求。如来大佛给了她一千只手。

观音菩萨用一千只手为凡间做好事，可凡间确实太大了，一千只手还是忙不过来，只得再向如来大佛诉苦。

这一下，如来大佛皱眉了，问："给了你这么多只手，怎么还嫌不够？"

观音菩萨回答说："唉，不是我贪多，确实忙得透不过气啊！"

"好，我倒要亲眼看看，究竟为什么忙不过来。"如来大佛说着，跟随观音菩萨进了宝殿。

宝殿前，弥勒佛袒胸挺肚，笑嘻嘻地斜靠着，闲得没事干，正"一五一十"地数着炉中的香火。宝殿内，十八罗汉懒散地分立两旁，有的搔胸、挖耳朵孔，有的揉眼睛打哈欠，一个个都是闲得发慌的模样。

如来大佛看了，十分感慨地对观音菩萨说："真不该给了你一千只手。倘若你不改变这一班人的模样，就是给你一万只手，也无济于事啊！"

在生活中，有些家长就像千手观音菩萨一样，把孩子的事情全部包揽到自己的手中，结果弄得孩子无所事事，缺乏独立性。有一句话是这样说的："做母亲的最好只有一只手"，说的就是要对孩子放一只手，有些问题让孩子自己去尝试着解决。让孩子学会自立，自己的事情自己做，为的是促进孩子的独立性发展，这对孩子将来的学习、工作、事业乃至一生成长都是有好处的。

我国著名教育学家陈鹤琴先生曾说过："凡儿童自己能够做到的，应该让他自己做；凡儿童自己能够想的，应该让他自己去想。"这是一条符合教育规律的至理名言。如果放手让孩子自己做，我们的孩子将会得到锻炼的机会，我们也会发现孩子的潜能是无穷的；如果我们一直"大手帮小手"，我们的孩子将会在无形中被剥夺许多发展的机会。所以，家长若真是为孩子好，就应该放开双手，让孩子学会自己独立生活。

放暑假了，李女士问女儿有什么打算，女儿说她想去学游泳和做菜。她爸听了后说："学游泳好，能锻炼身体，做菜嘛，就算了，一来脏，二来你不够细心，干不了这细活。"女儿听了这话反驳道："干了才知道呀，你们总得给我一个机会吧？"李女士想了想，便对她说："孩子，你说得对，不管能不能学好，我们总得给你一个实践的机会。"

于是，整个暑假期间，李女士的女儿每天早上写完两个小时的作业后，中午就在家准备午饭，吃完午饭后去学游泳。通常李女士还会给她留几元钱，她喜欢吃什么菜就自己去买，之后洗干净，等他们回家后，就给女儿讲每种菜不同的切法和炒法，没多久，李女士的女儿居然能烧出一手不错的菜了。

后来，李女士深有感触地说："由此看来，并不是我们的孩子不会做，而是缺少一个学的机会。"所以，她经常奉劝身边的父母，不要把你们女儿看扁了，放手让她们去做吧，只有经常让她们去做一些力所能及的事情，才会使她们成长得更快！

小鸟从小就有飞的本能，孩子也有独立判断成长选择的能力。放手把自由还给孩子，你会发现他们比你想象的更勇敢、更自信，也飞得更高、更远。

每个孩子都有自己的未来，都有自己要承担的责任和义务。当下，我们的父母最需要做的是学会放手，给孩子机会。

1.给孩子长大的机会

苏联教育家马卡连柯说过："一味地抱着慈悲心肠为子女牺牲一切的父母，可以算得上最坏的教育者。"父母爱孩子是人之常情，但是爱孩子的时候要有原则和尺度，父母要控制住自己的感情，给孩子独立生活的机会，让孩子真正成为独立的个体。

一位母亲为孩子操心，最后不得不去找心理问题专家咨询。专家问，孩子第一次系鞋带的时候打了个死结，你是不是不再给他买有鞋带的鞋子？夫人点了点头。专家又问，孩子第一次整理自己的床铺，整整用了一个小时，你最后就亲自替他整理了，对吗？

夫人说没错。专家又说道，孩子大学毕业了去找工作，你动用了自己的关系和权力帮他。这位母亲很惊愕，问专家说：你怎么知道的？专家说，从那根鞋带知道的。夫人问，以后我该怎么办？专家说，当他生病的时候，你亲自带他去医院；他要结婚的时候，你给他准备好房子、车子和足够的钱送去。别的，我也没办法。

作为父母，给予孩子真正的爱，就是要努力为孩子创造一个广阔的成长空间。大胆放开手，给孩子长大的机会，让他自己长大，这样才能培养孩子自立自强的技能。正如现代政论家邹韬奋所说："凡是儿童自己可以干得来的事情，总是让他们自己去干，看护或教师至多在旁指导或看着，决不越俎代庖，这是要从小就养成他们的自立精神。"如果父母总是认为孩子还小，什么事都不懂、什么也不会做，所以就必须为孩子做这做那，那么孩子可能就因此没有长大的机会了。

2.给孩子实践与学习的机会

今天很多孩子有一个致命的弱点，那就是依赖性强，没有自主性。这种现象归根结底就在于父母的包办代替，使得孩子缺乏自信心，能力低下，让孩子丧失了自我实践的机会。

孩子刚开始学习穿衣、穿鞋时，会笨手笨脚，磨磨蹭蹭的，父母过来很快就帮他穿好了；孩子小时候学着自己吃饭，可能掉得满桌子都是饭菜，没有吃到嘴里多少，父母看着很不耐烦，于是就亲自喂孩子吃饭……父母的做法看起来利索、痛快，但却剥夺了孩子学习的机会，同时也养成了孩子凡事依赖父母的习气。所以，父母应该给孩子实践与学习的机会。

小强10岁时就开始学做饭了。当他拿起刀切菜的那一刻妈妈的心提到了嗓子眼上，但妈妈没有阻止，而是把做饭的技巧示范给他，然后站在旁边静静地看着他操作。小强炒菜时，妈妈帮厨。小强做的菜没有放盐，妈妈也吃个精光。小强看着妈妈问："妈妈，是不是有点儿淡？"妈妈轻描淡写地说："少吃盐对身体有益。"

小强妈说："有人说孩子还小，等大点儿再放手。但早晚总有一天要放手，我们何不早一天放手，让孩子因多锻炼而自信呢？"

孩子终究要独立面对社会，终究要以自己的劳动来获得生存与发展，家长过分的帮助，只会毁掉孩子自理的能力、自立的意识、自强的精神。所以，家长不要舍不得放手，给孩子一个锻炼、成长的机会，相信你的孩子可以做得很棒。

3.相信孩子的能力

每个孩子都是能干的，有些家长不相信自己的孩子，觉得自己孩子这样不行，那样不行，或担心这样不会，那样不会，很多事都替孩子做好，不让孩子做任何家务。究其原因，其实最主要的是家长不相信自己的孩子。家长要相信自己的孩子肯定能干。别小看自己的孩子，他们年龄虽小，其实都非常能干，很多事情都可以让他们自己干。

在农村有一个七八岁的小男孩，他父母早上六七点钟就要下地干农活，晚上很晚才能回家。因此早上起来烧饭以及一天的家务，包括送饭菜、喂牲畜、带五岁的弟弟，全都是他一个人撑着。

其实，孩子并不是像家长想的那样，什么也做不好、干不成，只要家长相信他，放手让他去干，也许你会得到一个惊喜。不让孩子尝试，孩子永远也独立不了。到最后就真的什么也做不成、干不好了。所以，家长要相信孩子的能力。

爱孩子，就让孩子自己选择

人生处处有选择。从每天吃什么饭菜、穿什么衣服等日常事务到选择何种职业、选择什么样的配偶等终身大事，我们时时处处都面临选择。选择决定了我们的人生路，决定了我们的生活，决定了我们终将成为怎样的人。

每个人都有选择的权利，孩子也不例外。在家庭教育中，多给孩子选择的机会，培养孩子掌握选择、判断和取舍的能力是十分重要的。如果我们能多给孩子选择的机会，孩子会感受到他们被尊重、被信任，从而带给他们自信和成就感，使他们感受到自己能把握生活。

有一位中国留学生看完了《写给中国大学生的第三封信》后，感触很深，他写了一封信给李开复说："很小的时候，我的目标就是长大，长大了做什么，我当时没有想过；读小学的时候，父母给我的目标就是考初中，考上初中做什么，我没有想过；读初中的时候，父母给我的目标就是考高中，考上高中做什么，我没有想过；读高中的时候，父母给我的目标就是考大学，考上大学做什么，我没有想过；上大学的时候，父母给我的目标就是要出国，出国做什么，我也没有想过；现在留学拿到了学位，要找工作了，下一步我该做些什么呢？这次，我要好好地想一想。谢谢你的'第三封信'，它唤醒了我埋藏了25年的进取心，它改变了我25年来被动的生活方式。从今天开始，我要积极主动地为自己而生活！"

这位中国留学生25岁才想到自己"有选择的权利"。

造成这一现象的主要原因是，父母剥夺了孩子的自主权利。在有关孩子的决定时，不少家长喜欢包办代替。在吃、穿、用等方面，甚至在关系孩子学什么、选择志愿这些重大事情上家长都不习惯与孩子商量，而是越俎代庖，这种思想是不恰当的。其实，孩子也是独立的个体，他们有自己的观念和判断。如果父母总是替孩子做选择，强制孩子按照自己的想法去做，可能让孩子出现逆反心理，会影响孩子的自我成长。

刘艳是一名高二的学生。下半年，学校要分文理科了。刘艳很喜欢文科，但是妈妈却觉得文科没前途，还是理科的前途更好些，于是就很强硬地要求她报理科。

没想到，第二天，刘艳就给妈妈留下一封信，离家出走了。

亲爱的妈妈：

虽然我和你朝夕相处，但是我还是有些话埋在心里，现在我通过写信说给你听。

也许因为我是独生女的原因吧，从幼儿园，到小学、初中、高中，我人生的每一个决定，都是你帮我做好的，从来都是"你要我那样做"，而没有问过我是怎么想的。

昨天晚上，我们商量我要报文科还是理科的问题，没等我说完，你就说："还用想？当然是理科。"然后说了很多理科的好处。

我说："可是我喜欢文科啊！"

"喜欢有什么用？我在社会上经历的事情多了，还是理科好，我还能骗你吗？"不容我分说，你就帮我做了决定。

妈，我已经长大了，也能自己做决定了，请你将选择的权利归还给我吧！

妈妈看完这封信，含着眼泪说道："我还不是为你好，看来我是白费心了。"

后来，还是刘艳"胜利"了，妈妈向她"妥协"了。刘艳如愿地报了文科，还成了文科班里的学习佼佼者。

孩子的选择，孩子的梦想，孩子的未来，应该由他自己做主。毕竟他的人生需要他自己去走，父母能背他走多久？篮球明星乔丹的妈妈曾深有体会地说："在对孩子放手的过程中，最棘手的问题是让孩子去追求自己的梦想，自己做出决定，选择与我为他们设计的不同的发展道路。"尽管有的孩子年龄尚小，但也有自己独立的人格，孩子们的事应该由他们自己做出决定。如果家长能够把选择的权利交给孩子，尊重孩子的选择，孩子就会对自己负责。

1.尊重孩子的选择

尊重孩子的选择是孩子成才的一条重要规律。无数人成长的实践证明，只有尊重孩子的选择才能促进孩子的兴趣、爱好，发挥他的特点，使之成才。

一个女孩3岁时就恳求父母让她学钢琴，5岁时想加入足球队，高中时加入了青年团，大学时参加某志愿组织，20岁时她是当地一所中学的辅导员和崭露头角的特技演员。她在介绍经验时说："我父母从小就教我做出理智的决定，他们相信我自己的判断能力，从不强迫我依他们的方式去做事，所以，我取得了今天的成绩。"

这是尊重孩子自我决定权的教育结果。孩子一天天地长大，他们已经有了自己的思维能力，知道自己喜欢的是什么，知道自己能否将其做好。所以，我们应当尊重他的决定，只要是正确的、合理的。所以，当看到孩子爱踢足球，我们不妨为他准备几双合脚的球鞋；看到孩子喜欢音乐，那么我们不妨送他一把吉他，让他在音乐中感到快乐……如果你能做到这点，那么你就会发现，孩子的独立性和社会能力会大大提高！

2.支持孩子的选择

教育专家指出，当孩子尝试做某件事的时候，不管孩子做得如何，家长都要及时地鼓励孩子，支持孩子，而不是批评孩子，反对孩子。这样孩子就能在一种积极的氛围中成长，这不仅利于孩子自信心的增强，也有利于孩子形成自己的主见。

有一天下午，胡冰放学回家，看到妈妈在看报，便低声说："妈妈我想要50块钱。"妈妈愣了一下，因为胡冰是个从不乱花钱的孩子，难道她在外面惹了什么事吗？这时胡冰又说："明天我们学校进行文艺会演，我排了一个舞蹈，想用50块钱买一套舞蹈服装。"

妈妈问："你会跳舞啊，我怎么不知道啊？是谁给你编排的舞蹈呢？"

胡冰说："我说了您可别生气，前几天下午我到艺校找老师学了一个独舞。"

妈妈对此事一无所知，她感到特别惊讶，问她去了几天。胡冰说："我只去了三天，我保证不会影响功课。"

妈妈问她："为什么你没有事先和我打招呼呢？"

"提前说您肯定不让我去，怕我耽误功课。"胡冰做了个鬼脸说道。

胡冰以为妈妈会责怪她，谁知道妈妈笑着对她说："你已经是个大孩子了，很多事情可以由自己决定，妈妈相信你能做好。"第二天，妈妈特意请假，带着摄像机来到学校，把胡冰的舞蹈表演录制下来，并对她的表现给予了很高的评价。

事实证明，家长支持孩子的选择，鼓励孩子的行为，可以帮助孩子建立自信心，并有自己的主见，这对孩子健全人格的形成也很有好处。

3.引导孩子做出正确的选择

德国物理学家卡茨，小的时候很聪明，也很有好奇心，对很多事物都有浓厚的兴趣。一旦感兴趣了，就会全身心地投入，达到忘我的状态，非要争个高低不成。

上中学的时候，卡茨对国际象棋产生了兴趣，刚巧他的同学也是个国际象棋的爱好者，并且是一个高手。于是，他们每天都要对垒，结果小卡茨屡战屡败。这对一向争强好胜的他来说，是难以接受的。他下决心要战胜对手。于是，他们一下课便"杀"得难解难分，甚至上课的时候也偷着下棋。他既不好好听课，也不做作业，久而久之，沉迷其中难以自拔，学习成绩直线下降。

老师发现卡茨的学习成绩不断下降的原因后，便把这个情况迅速地通报给了他的父亲。小卡茨原以为父亲会责骂他，但是父亲却和颜悦色地问他："你很喜欢下国际象棋吗？"他点了点头。父亲接着又问："那就是说你喜欢下棋胜过于读书了？""不，相比之下，我更喜欢读书，我能从书中得到许多知识和无穷的乐趣。"卡茨争辩道。

卡茨从小的愿望是将来能当一名科学家，他怎么会不喜欢读书呢？

"可是，人的精力和时间是有限的。一个人只能同时做好一件事，如果一心二用，什么都做不好。你喜欢下棋，想把棋下好，但却把学习的时间浪费掉了。到头来，学习没跟上，棋也未必下得好，这不是得不偿失吗？"

小卡茨若有所思地点点头。

看着卡茨似乎有所觉悟，父亲接着说道："既然你已经懂得这些道理，那么你就做一个决定吧。是把全部精力放在读书上，还是放在下棋上？一旦选择好了，就必须努力去做好，并且要彻底忘记已经放弃的东西，只有这样，才能专心致志，将一件事做到最好。"

卡茨犹豫了一会儿，终于恋恋不舍地把象棋交给父亲保管，决定专心读书了。

在父亲的教导下，卡茨的学习成绩不但恢复了从前的状态，甚至还更上一层。后来他通过自己的努力，在德国哥廷根大学获得博士学位，又因发现了中枢神经系统中神经细胞之间的传导机制而获得诺贝尔奖。

当孩子面临选择时，家长不要指手画脚地下命令，要学会给孩子提建议，尽量让孩子自己做决定。如果孩子碰到困惑难解的问题，家长明智的做法是与孩子一起商量，在交谈中探讨、比较各种方案或观点的优劣，引导孩子做出正确的选择。家长也可以说出自己的观点，讲清楚自己的理由，让孩子比较选择，但在任何时候也不要把自己的决定强加到孩子头上。

教给孩子自我保护的方法和能力

自我保护能力是一个人在社会中保存个体生命的最基本能力之一，也是孩子独立生活的可靠保障。它有助于孩子尽早摆脱成人的庇护，成为一个独立自主的有生存能力的个体。为了保证孩子的身心健康和安全，使孩子顺利成长，家长应该加强对孩子的自我保护教育，培养和提高孩子的自我保护能力。

有个小女孩，因为父母有急事回不了家，她不知所措地在门外一直等待。幸好隔壁邻居发现她，并把她领回家中，才不致在外面过夜。

后来，邻居说，妈妈在门上贴着字条，让孩子回来后去奶奶家。可是小女孩却没看字条，只知在门口等，而不知去邻居家或给奶奶打电话。如果不是邻居发现了她，说不定她会在门外冻一个晚上。

这么简单的自我保护方法都不知道，这不得不让人觉得有点心寒。孩子是未来的主人翁，是父母心中的寄托，但他们也是危险环境中最易受到伤害的人，一是因为孩子们的需求易受社会大众忽视，二是因年纪小，独立生存能力不强，知识和先天体能都很有限，他们不能在大环境中保护自我。

有的家长为了安全起见，就给孩子订下了清规戒律，不许做这做那，并不给孩子做进一步的解释，孩子不知道不许做的理由，更没有意识到这样做的危险性，他们出于好奇或逆反心理，会继续做一些危险尝试。

其实，生活中不安全的因素无处不在。假如一有危险的可能就不让孩子去接触，那么孩子何时才能学会长大？关键是要让学会意识到危险在哪里，应对的方法是什么。因此，父母就要在平时的日常生活中反复地告诉、提醒孩子需要注意的问题，给孩子讲述一些预防的方法，以及告诉孩子如果发生意外时，应该采取怎样的措施来实现自救，等等。在不断的灌输中，使这些安全防范常识深深地在孩子心中扎根，相信这种润物细无声的方式是防微杜渐的最佳策略，也相信孩子从中一定会受益匪浅的。

2008年5月12日，我国西南部地区的汶川县发生了8.0级特大地震。突如其来的灾害瞬间夺走了数以万计人们的生命，深深刺痛着每一个中华儿女的心灵。

此次地震，重庆也是灾害发生地之一。司宇小朋友是某县一所小学四年级的学生，地震发生那天的中午，司宇正因为生病而到医院治疗，等他离开医院的时候，已经是下午两点钟了。

就在他走在从医院去往学校的山路上时，忽然感到天翻地覆，只见山上的石头一个劲儿地往下滚，司宇知道这是地震发生了，他强迫自己镇定下来，然后马上蹲下，并拼命地抓住路边的一棵大树。等地震过去后，司宇才将已经麻木的双手从树上放下来，而就是这听上去如此简单的措施，让小小的司宇没有受到任何身体伤害。

其实，这多亏了不久前司宇的爸爸从外地带回来一本关于地震的书，司宇碰巧在周末的时候翻看了一下里面的内容，也正是司宇从书里面学到的避震知识在危急关头救了他。

显然，上例中的司宇是一个具有自我保护能力的孩子，而这种能力不是天生的，得益于其父的后天的教育。目前，很多西方国家十分重视孩子的生存教育，从孩子懂事起，就教育他们如何学会生存和自立，并知道什么情况下怎样保护自己等。

让孩子学会自我保护，尽可能避免意外伤害不是一朝一夕的工作，也不是定时定点的课程，它的学习和养成都需要家长用一双智慧的眼睛去发现危险可能存在的角落，然后在第一时间告诉孩子它的"藏身地"，教会他如何避之、远之甚至消灭之。

1.教孩子掌握基本的应急措施

张先生有一个9岁的儿子和一个6岁的女儿，他带他们上街时，随时随地教给他们交通规则并嘱咐其他注意事项，说明怎样走危险，怎样才安全。生活中，他还叮嘱两个孩子记住重要的电话号码，如父母单位的电话、公安局报警电话、消防队求助电话、医院救助电话等。

危险和意外是时时存在的，如果不给孩子讲清楚，那么孩子在遇到危险和意外的时候会束手无策，不能及时化解危险。所以，父母要从身边的小事入手，教孩子掌握基本的应急措施。

（1）遇到抢劫等侵害时，应以保护自身生命和安全为首要原则，不要过多地顾及财物。不到万不得已，不要硬拼，避免造成更大的损失。关键时应大声呼救，及时报警。

（2）在路上遇到陌生人尾随，应想办法跑到人多的地方，或者躲避到单位、居民家中。

（3）记住可信赖的成年人的名字、电话，这样，在遇到侵害时可及时寻求他们的帮助。

（4）遇到雷电、暴风雨不能到树下躲藏，不要接打手机；遇到洪水、滑坡、泥石流等应远离危险地带。

（5）电梯出现故障时，立刻按下红色的紧急键求救。假如没有警铃或警铃不响，可以用力拍门、捶墙壁并大声叫人来救你。

（6）遇到紧急情况，及时拨打报警（110）、火警（119）、急救（120）电话，并保护好现场和物证。报警时要讲清楚案发具体地点或明显建筑物等。如果是处在和坏人周旋的危险中拨打110，应注意隐蔽和轻声。

2.创设情境，增强孩子的自我保护意识

仅仅跟孩子讲述一些自我保护、自救的方法是远远不够的，家长可以借鉴安全应急演练的方式，在生活中创造一些情景，测试孩子的危险识别能力、反应能力和逃生求救能力，以此来锻炼孩子的应变能力，使其逐渐掌握自我保护要领，提高自我保护能力。

星期天，爸爸带小明去动物园玩。由于是周末，动物园里的人很多。这时，爸爸和小明玩起了"失踪"的游戏，他趁儿子不注意的时候，偷偷地溜到一边，看小明会怎么办。

小明正在兴致勃勃地看大象，他一回头发现爸爸不见了，不禁有些慌乱，急忙四处搜索。他向周围看了看，没看到爸爸，这时候他突然想到平日里爸爸教给他的话："遇到事情不能慌乱，要找解决问题的办法。"

于是，他让自己冷静下来，然后根据动物园里的路标提示，找到保卫处，告诉他们"爸爸不见了"，并将事情的原委叙述了一遍。当保卫处的人了解后，通过广播找人帮小明找爸爸。

很快，父子相见了。爸爸先是表扬了小明知道如何保护自己，懂得向保卫处寻求帮助，然后根据他的表现，又具体地加以引导和指点，提高了他的自我保护能力。

小明的爸爸给孩子设置情景，有意识地锻炼孩子的应变能力和自我保护能力，取得了良好的教育效果。

让孩子长大，从学会独立开始

现在，很多家庭都非常重视孩子的智力启蒙教育，积极地培养孩子诸如书法绘画、钢琴、跳舞等特长技能，但却大都忽视了对孩子独立性的培育。在父母过分的呵护和娇惯之下，很多孩子非常缺乏独立性。甚至有些孩子，除了上学读书之外，生活中的事他们一概不知，这样的孩子将来走上社会，怎么会成功呢？

董建国的学习成绩一直非常好，从小学到高中，他总是名列前茅。每次考完试，他都会问老师："这次考试谁是第二？"因为他坚信，第一名肯定是属于他的。如此出众的他，深受老师和父母的称赞。

孩子学习如此出色，父母为了让他无"后顾之忧"，集中全部精力学习，可谓是操尽了心，除学习之外的所有事情，父母统统代劳了：吃饭时，董建国饭来张口；衣服脏了，脱下来就没有他的事了；文具用没了，也是父母为他去买……直到十七八岁，别的孩子早就会的洗衣、做饭这些最基本的生活技能，董建国一样都不具备。

后来，董建国参加高考，以全县第一、全省第二的优异成绩，考取了北京某名牌大学。这一喜讯，给家里带来了前所未有的欢乐，亲朋好友们交口夸赞董建国的聪明好学，并且羡慕不已。9月，董建国无比兴奋地来到了北京，然而就在大学开学不久，他就陷入了困境，他不会买饭，不会洗衣，常常找不到上课的教室，甚至不知该如何与同学相处。虽然好心的同学们在不断地帮助他，可还是解决不了他的问题。无奈之下，董建国只好提出了休学。学校根据他入学后的表现也同意了他的请求。

第二年7月，学校及时地给董建国寄去了复学通知。但是，收到通知的董建国竟然产生了巨大的恐惧感：他害怕再次离开父母，他担心自己依然不能适应学校的生活，他害怕别的同学拿他当作笑谈……越想越怕，就在当天夜里，董建国从6楼的自家阳台一跃而下，结束了自己年轻的生命。

上面这个事例不能不引起我们的反思：在教育孩子的过程中，我们是否有意无意地包办了许多孩子力所能及的事情？在重视孩子学习成绩的同时是否忽略了培养孩子的独立性？作为家长，我们是否在无意中剥夺了孩子成长的权利，限制了孩子的自我发展？

任何一位父母，都不可能包办孩子的一生。孩子的将来，包括学习、工作以及事业的成功，都要靠他们自己去闯、去努力、去奋斗。而这一切，没有自立自强的意识和精神，是很难取得满意结果的。美国商业领袖罗伯特·汤森说："人最终要独立地走向社会，就必须拥有自主独立的能力。因此从小就要培养自我意识，培养自主、自立、自强的精神及认知和实践能力。自我发展本身也是个人对自身的一种反思。正是从这种反思中人才不断地找到自我，超越自我，实现自我。"

美国前总统约翰·肯尼迪的父亲从小就注意对儿子独立个性和精神状态的培养。

一天，他赶着马车带儿子出去游玩。在一个拐弯处，因为马车速度很快，猛地把小肯尼迪甩了出去。当马车停住时，儿子以为父亲会下来把他扶起来，但父亲却坐在车上悠闲地掏出烟吸起来。儿子大喊道："爸爸，快来扶我。""你摔疼了吗？"父亲有些心疼地问。"是的，我感觉好痛好痛。"儿子带着哭腔说。

"那也要坚持站起来，重新爬上马车。"父亲语气有些生硬地说。

儿子挣扎着自己站了起来，摇摇晃晃地走近马车，艰难地爬了上来。

父亲摇动着鞭子问："你知道为什么让你这么做吗？"

儿子摇了摇头。父亲郑重地说："人生就是这样，跌倒、爬起来、奔跑、再跌倒、再爬起来、再奔跑。在任何时候都要全靠自己，没人会去扶你的。"

独立就是自我生存的意识和能力。只有一个人具备了独立的意识和能力，才能比较容易地适应社会，摆脱逆境，把握机遇，发展自己。所以，父母应该重视对孩子独立性的培养，在孩子很小的时候就有意识地培养他们的独立性。

1. 尊重孩子的独立的愿望

生活中，很多家长溺爱孩子，对孩子不放心，总是处处干涉，支配孩子，这样的结果就是让孩子失去独立性，什么事都依赖父母，对孩子的成长是不利的。

有一位妈妈，她非常疼爱自己的女儿，为女儿安排好了生活中所有的一切：一周的饮食表、每天的作息时间、餐后的娱乐活动、练琴、朋友生日时送什么礼物、每天去学校穿哪套衣服，甚至梳哪种发髻来搭配衣服，妈妈都有精心的安排。

每天，女儿从学校回来妈妈都会问她很多问题，比如"和同学相处得怎么样？""老师上课的内容能听懂吗？""妈妈准备的点心吃了吗？""大家喜欢妈妈为你搭配的衣服吗？"妈妈认为女儿会很开心自己为她打点好的一切，因为她确实是一个很能干的妈妈，她相信在女儿的心里一定会为自己有这样一个好妈妈而觉得骄傲。

然而，女儿一天比一天不快乐，终于有一天，她对着妈妈大喊大叫："你总是给我安排好一切，总是问我那么多的问题，可是你从不问我到底喜不喜欢你为我这样做，也不问我开心不开心！"

妈妈很伤心："难道这样的妈妈你还嫌不够称职吗？"

"我希望我的妈妈是一个会关心我心里想法的人!"

孩子是一个独立的个体,虽然年幼,但他们有独立的人格和自我意识,他们有自己的想法和观点。父母不能因孩子的弱小、对成人的依赖,而无视他们独立人格和自我意识的存在,以自己的主观判断和意愿为出发点来爱孩子。父母应该尊重孩子的独立意识,让孩子学会自主地安排事情,提高生活的独立决断力。

2.给予孩子独立成长空间

现实生活中,有些父母习惯凡事都要为孩子做,事无巨细,这也管那也管,这对培养孩子的独立性是很不利的。

有一位父亲在著名高校任教,他儿子正在一所重点中学读初三,为了让儿子能考上理想的高中,有一个美好的未来,在中考前给他请了三位辅导老师,分别对孩子的"语数外"进行课外辅导,谁知儿子根本不理会父亲的做法。上门老师按时授课,儿子却该忙自己的忙自己的,显得很没有礼貌,弄得辅导老师很尴尬。

当父亲对他的无礼行为提出批评时,儿子很厌烦地说:"我已经长大了,我有自己的学习计划,有自己的学习方法,不希望别人再给我安排学习任务!"

孩子的独立性是在独立活动中产生和发展的,要培养独立自主的孩子,就应该给孩子独立的成长空间,让他有独立思考、独立完成任务的机会,不要什么都给他设计好、准备好了,按照你的思路去做,看似孩子在独立完成,实际还是你在帮助他。不少家长以为,孩子还小,不懂得安排自己的活动。但如果成人完全包办了孩子的时间安排,孩子只是去执行,那么孩子的自主性就永远培养不出来了。

3.让孩子自己的事情自己做

关杰是个有独立性的男孩，刚上小学的他可以不依赖父母独自处理自己的事情，如自己穿衣服、吃饭、收拾玩具、叠被子等。他还能帮助父母做一些力所能及的家务事，如拿碗筷，给客人端茶，帮妈妈拎购物袋等。这都得益于他爸爸从小对他的培养。

关杰爸爸认为孩子是一个独立的个体，所以有意识地从小事入手，让关杰形成独立思考问题、独立处理自己事情的良好习惯。

书包爸爸都是让关杰自己整理。收拾书包是一项繁复的工作，刚开始，关杰经常丢三落四，但爸爸从不插手，时间长了，关杰吃够落东西的苦头了，就能够做好这项工作了。

铅笔也是关杰自己削。爸爸没有因为怕关杰有割伤的危险就代关杰削，而是给关杰选购了卷笔刀，让关杰自己动手。因为铅笔每天都要用，爸爸知道，如果自己代劳，天长日久关杰就不会有"自己的事情应该自己做"的意识。

爸爸让关杰独立完成作业。关杰有的时候会因为没有掌握当天的学习内容，在完成作业的时候遇到困难，他向爸爸求助的时候，爸爸从不直接帮助他，而是让他自己想办法解决，逼得关杰不得不认真听讲、靠自己掌握。

爸爸还鼓励关杰亲自动手做事。平日里，遇到关杰有动手的好奇心时，爸爸从不因为怕关杰搞砸而不让关杰插手，即使关杰真的搞糟了，爸爸也会鼓励他"下次一定能够做好"。

与其父母一一照顾周全，莫不如让孩子自己的事情自己做。我们可以将日常生活中孩子能力范围之内的事务交给他独自处理，并观察孩子的完成情况，如让三四岁的孩子学会照料自己的生活，自己吃饭、漱口、洗脸、穿脱衣服等，让五六岁的孩子学做一些简单的家务劳动，如擦桌椅、扫地、洗手帕等，让七八岁的孩子参加一些社会公益劳动，如打扫环境卫生等。孩子劳动的时间不宜过长，一般每次在20分钟以内。

孩子优秀的背后，源于强大的自律

什么是自律？自律就是在没有外界监督的情况下，控制自己的行为，这毫无疑问是一种优秀的能力，也是成功人士的必备能力之一。

有句话说得好，律己者律世，志高者品高。当一个人到了这样的境界，他的力量是不可抗拒的。众多的社会事例已经证明：有高度自我控制力的人——即特别自律的人——通常能取得较高的成就，比如取得更高的成绩、争取更好的事业、拥有更健康的身体、享受更安全的人际关系。所以，你能有多成功，就看你有多自律。一个成功的人，首先是一个成功的自我管理者，一个能够自我约束、自我克制的人。

自律是自我管理的一种能力，对人的一生有着重要影响。自律程度的高低往往体现出个人素质的高低，同时也影响着个人取得成就的大小。生活中，人们会碰到许多诱惑，一般的人往往不知不觉陷入其中；而自律的人能控制自己做出有利于自己和符合社会需要的行动。古今中外成大事者，无不拥有自律的品格。

《后汉书·杨震传》中记载了这样一个故事：

杨震在担任荆州刺史的时候，推荐王密为昌邑县令。后来杨震调任东莱太守，在赴任时路过昌邑，王密为了报答杨震的知遇之恩，送了杨震"金10斤"。

杨震说："我了解你，你却不了解我，这是为什么呢？"王密还以为杨震是担心别人知道而拒绝这些钱财，就劝杨震说："现在是晚上，没有人知道。"可是杨震却严肃地说："天知，神知，我知，子知，何谓无知？"王密听到这句话后非常羞愧，于是就带着钱财离开了。

显然，上例中的杨震是一个慎独自律的人。

自律的人善于克制自己的欲望，善于律己，决不做欲望的奴隶。古罗马学者纳索米说："人越伟大，越能自律。不能自律的人，就是人生的失败者。"一个人要主宰自己，就必须对自己有所约束、有所克制，因为"毫无节制的活动，无论属于什么性质，最后必将一败涂地"。无论做任何事情，自律都至关重要。自我节制、自我约束是一种控制能力，尤其能控制人们的性格和欲望，一旦失控，随心所欲，结局必将一败涂地，不可收拾。

自律是一个人的基本素质。每个人都需要自律，孩子在成长的同时，也需要培养自律意识，只有当孩子有了自律意识，他才能够在社会上立足。因此，家长培养孩子的自律意识，要从孩子"小的克制"入手。

娜娜是个自律的孩子，这主要源于其父母一直有意识地培养她这种习惯。小的时候，妈妈就培养娜娜按时睡觉、起床的习惯。上学后，就定了一个闹铃，闹钟一响娜娜就会起床，书包也是自己整理，每天写作业的时间也是固定的，当然也有一些时间由她自己安排。规律的生活让娜娜形成了自己的自律性。

一天晚上，爸爸妈妈有事要到晚上十点才能回来。七点多的时候，妈妈接到娜娜的电话，说自己的作业已经写完了，问能不能上网玩一会儿游戏。娜娜这样做妈妈很高兴，毕竟她一个人在家，即使开电脑玩游戏他们也不知道，但是，娜娜却做到了妈妈在和妈妈不在一个样。

自律是孩子具有高贵品质的一种表现，它的养成对于孩子的将来有着极为重要的影响，正如苏联文学家高尔基所说："哪怕对自己一点小的克制，都会使人变得强而有力。"孩子能够从小养成自律的习惯，就可以帮助他们克服各种不良的嗜好，也让他们学会约束自己，做什么事情都会有分寸。因此，在培养孩子的过程中，父母应该时刻严格要求自己，用自己的实际行动来证明自律的重要性，从而帮助孩子养成自律的习惯。

1.给孩子制定规矩

俗话说："没有规矩，不成方圆"，足见规矩的重要性。孩子属于未成年人，年龄尚小，自制力不强，易被诱惑，这些特点告诉我们教育孩子光靠自觉是不行的，需要一定的外在强制力。所以，父母要想鼓励孩子学会严格自律，就应该为孩子制定一些行为规范，同时，父母应该和孩子一起遵守。规矩定得好，孩子也更容易成功。

赵爽是一个淘气的男孩，天性好动，常常不能坐下来好好学习，对于父母交代的事往往答应了，但事后却做不到。父母常常大伤脑筋。后来，一个偶然的机会，妈妈参加了家庭教育指导行动的培训会。在这次培训会上，她受到启发，决定要和丈夫、赵爽协商后制定出家规来，以约束彼此。

后来，他们形成了如下约定：

父母须遵守：吃饭时，不问孩子成绩，不批评孩子；不偷看孩子的日记；每周末有一天要全家一起外出游玩或参观展览。

赵爽须遵守：回家后先写完作业再玩；出去玩之前要跟父母打招呼，并约定玩的时间；经常和父母交流身边发生的事；每天负责整理自己的房间。

家规执行了一段时间后，赵爽的自律意识提高了，和父母之间的争吵也减少了很多。

制定一些规则，让孩子持之以恒地执行，对于自律意识的培养很有意义。这些规则可以涉及生活、学习、卫生方面等。规则不要太多，也不能过细，那样会压抑孩子的探索欲望。对孩子适用的规则，要让孩子坚决、严格执行。孩子不经过磨炼是不能学会自制和自律的，让他吃点小苦头，却能培养出让他终身受益的自制力。家长切不可过于溺爱，动摇了立场，而使孩子得过且过，这样做最终受害的是孩子。

2.让孩子禁得起诱惑

孩子由于年龄小和身体发育的原因，常常抵制不住生活中的各种诱惑，例如，带孩子逛街，孩子看到什么就想要什么。这虽然很正常，但并不利于培养孩子自律的习惯。法国教育家卢梭在《爱弥儿》一书中问家长："你知道用什么办法准能使你的孩子得到痛苦吗？这个办法就是：百依百顺。"想要什么马上就能有什么，会使孩子变得越来越任性，越来越贪心。

周末的一天，妈妈带小岳去逛超市。一到超市后，小家伙的眼睛就开始放光了，总是东看看、西瞅瞅。这不，刚走到食品架前面，他就瞅准了一盒果仁巧克力。可是没过一会儿，他吃完果仁巧克力之后，又开始嚷着要巧克力了。那么，妈妈再给他买了巧克力，接下来他吃完后，还要怎么办呢？

对待这种情况，家长可以告诉孩子："如果你能忍住今天不吃巧克力，明天可以加倍给你。"这样一来，孩子就学会了等待，学会了忍耐，克制了自己想吃巧克力的冲动。长期多次地重复这种克制欲望的过程，就可以使孩子具备较强的自控力，从而能够抵御来自各个方面的不良诱惑。

3.做自律的家长

父母是孩子观察和模仿的对象，孩子则是父母的一面镜子。一个严于律己的父母，必然拥有一个严于律己的孩子。父母的行为在某种程度上决定了孩子的行为。如果连父母都不能严格要求自己，那么就很难培养孩子的自律意识。因此，在自律这条漫长的修行道路上，父母首先是要做好榜样。

一位父亲利用周末带着孩子去钓鱼。河边的告示牌上写着："钓鱼时间：上午九点到下午四点。"孩子完全沉浸在兴奋中，并没有认真看这则告示，他的父亲提醒了他好几次，他才仔细地读完了这则告示，并向父亲点头表示认可。但显然，他并没有将这则告示放在心上。

这一天的收获并不好，父子俩坐在河边半天，也没有等到一条鱼上钩。到了下午快四点钟时，父亲正准备招呼孩子回家，突然间孩子大声喊叫了起来，让父亲过去帮忙，他钓到了一条大鱼。这条大鱼非常沉，父子俩努力了半天，才终于将它拖上岸来。一天的努力终于没白费，孩子既高兴又得意。

谁知道就在这时，父亲看了一眼手表，然后收起笑容对孩子说："亲爱的孩子，很抱歉，现在已经是4点12分了，按照规定，这里只能钓到四点钟，因此我们必须将这条鱼放回河里去。"

孩子露出一脸失望的表情，不断地恳求父亲，希望将自己的成果保留下来。可是父亲回答说："我们不能违背规定。不论这条鱼上钩的时候是否在四点钟以前，我们钓上来的时间已经超过四点钟，就应该放回去。"说着他捧起那条鱼，将它放回了河里。孩子眼里含着泪水，没有再说一句话，默默地跟着父亲收拾好钓具回家了。

这件事情对孩子的人生造成的重要影响，在十多年后得到了体现。孩子曾经在心中埋怨过父亲坚持诚实的死板态度，但当他走上社会，成为一名律师之后，他才发现这种自律品德的可贵之处。他在业界获得了极好的口碑，他一直坚持的一个职业信仰是：任何来找他打官司的人必须诚实。如果发现自己的被代理人有任何谎话，他就会拒绝为其辩护，因为这违背了他的职业道德。人们都愿意信任他，因为与那些满嘴谎言骗取诉讼费的律师们相比，他的诚实自律让人们感动。

这个故事告诉我们，一个懂得自律的父母，才能养出一个真正自觉的孩子。作为父母，不仅要教育孩子学会严格自律，自己更应该以身作则。因此，教育孩子不单单是通过几句简单的话语就能够实现的，它更需要父母从行动上示范给孩子，让孩子知道应该如何要求自己。

让孩子学会交往，学会成长

交往是人的需要，也是社会对人的要求。人是社会中的人，一个人离开他人、离开社会就无法生存。良好的人际交往能力以及良好的人际关系是人们生存和发展的基础，通过交往，人们能够互相交流信息和感情，协调彼此之间的关系，达到共同活动的目的。

交际能力是在人的成长过程中起着极其重要作用的一种能力，对孩子来说，他们处于一种渴求交往、渴求理解的心理发展时期，交往能力越来越成为其心目中衡量个人能力的重要标准。他们开始尝试独立的人际交往，并有意识地发展交际能力。可是，有很多的孩子不能处理好人际关系，存在各种各样的交际问题。不良认知、情绪及人格等心理因素，都不利于良好人际关系的建立。而人际关系不好，又会进一步导致原有心理问题的加重或产生新的心理问题。因此，提高孩子的人际交往认识和能力，帮助孩子走出人际交往中的误区，创造美好、快乐的人际交往空间，对健全孩子的人格是非常重要的。

老张夫妇俩都没念过多少书，辛辛苦苦大半辈子也没"混"出个名堂。老张干的是钳工，爱人原先是纺织厂的女工，后来下岗再就业，成了公交车的售票员。俩人吃够了没知识的苦，决心不能让儿子小张"再走自己的老路"。于是，他们拼命供小张读书。经过一家三口多年的努力，小张终于考进了一所很有名的大学。

儿子上了名牌大学，父母的心愿终于变成了现实。老张夫妇还没为此高兴几天，就接到了小张的坏消息：和同学吵架了。原来，从小就生活在父母羽翼下的小张，无论什么事情都由父母包办。父母处处让着他、护着他，他只需要一心一意读书就行了。他每天的时间，除了吃饭、睡觉，几乎都花在学习上了，和别人没有什么交往。在大学里，环境变了，什么事情都需要自己去面对。小张一下子感到非常不适应，不懂得如何和他人相处。大学住的是集体宿舍，同学之间难免会有一些磕磕碰碰。小张习惯了以自我为中心的派头，在学校里却吃不开。

结果，不到一个学期，小张就把宿舍里的其他七位同学都给得罪了。同学们都有意疏远他，以避免彼此产生矛盾。由于没有朋友，小张形单影只，只会给家里打电话，向妈妈诉苦……

其实，对于那些能够恰当地与别人交往的孩子来说，同学之间的矛盾都是一些很容易处理的小事。相互协商一下，彼此退让一下，也就解决了。可是对这个小张来说，因为父母从小几乎就没有引导他去掌握这些人与人之间交往的常识，这些最基本的社会能力，他一点都不懂。

作为父母，看了上面这个事例，我们可以得到什么启发？

孩子离开我们，到学校里去，但不等于就完全脱离我们了。面对新的生活环境，面对生活中的"矛盾"，如果我们不能够帮助他们解决，他们就会感到害怕，不愿意再和别人相处，有的还会和别人吵架，甚至自己封闭起来。

孩子不愿意和别人交往，不会和别人交往，久而久之，性格就可能变得孤僻，爱发脾气，不会和别人相处，这样，他们长大了以后，也可能把这种行为方式带到生活中，总和别人闹矛盾，这样，他们就很难取得成功。

所以，我们应该注意从小培养孩子的交往能力，告诉他们怎样和别人一起生活、一起学习，帮助他们完善性格，为他们将来的事业发展打下良好的基础。

小强是小学二年级的一名学生。他聪明大胆、活泼又有主见，深得父母的宠爱，在家俨然是个小霸王的模样。在与同伴交往的时候，小强也显得非常的霸道、任性，常常为了一点小事就与同伴发生争吵。因此许多孩子都不愿与他交往，家长为此很苦恼。后来，老师积极引导家长转变家教行为，有意识地培养孩子学会自我控制，合理调整和伙伴之间的相互行为关系，使孩子充分体验到与同伴合作游戏的快乐。后来，小强交到了许多朋友，快乐与自信又回到了脸上。

交往是让孩子适应社会、进入社会的一个重要途径。孩子只有在与同伴、成人的友好交往过程中，才能尽早学会在平等的基础上协调各种关系，正确地认识和评价自己，形成积极向上的情感。

交往能力强，对孩子来说有百利而无一害。善于与他人交往的孩子在学校，不仅能够从容地与同龄人交往，而且能够从容与老师等成人交往。而孩子是否善于同别人打交道，在人群中人缘如何，对他以后的学习和人生的发展有很大的影响。因此，父母要从小重视培养孩子与人交往的能力。

一位成功学专家说：所有成功的人之所以成功，是因为他的人际关系非常好。从小培养孩子的人际交往能力，这是值得家长重视的一个带有普遍性的问题。一个活泼开朗、乐于与人交往的孩子多是容易受到同伴的欢迎和成人的喜爱，而且容易适应新环境。

随着社会的发展，人际交往的功能越发显得重要，父母必须重视对孩子交往能力的培养，使孩子更好地适应社会的发展。怎样让孩子学会与人相处，与人交往，培养孩子生存能力，这是父母很重要的一课。

1.为孩子创造交往的环境和机会

交往能力是在与他人的接触中形成和发展的，如果没有这样的机会，孩子的交往概念就很难形成，交往能力也就很难发展。父母要为孩子多提供交往的机会，以增长孩子的见识，增强孩子的社交能力，为孩子将来步入五彩缤纷的社会奠定必要的基础。

周华从小不太爱说话，半个暑假都快过完了，他也没去找同学玩过。但是周华很有想象力，仅有的几样玩具让他玩得有声有色。妈妈很担心周华这种不爱和人交往的性格，希望能改变儿子的状况。

这天，妈妈特意请了天假，带周华去参观天文馆。原来妈妈打听到，今天天文馆有活动，于是决定带儿子去看看。进入馆里，已经有很多人了，有的是父母带着孩子，有的是几个同学结伴而来。周华很兴奋，这看看，那瞅瞅。这时，有一群人引起了周华的注意，那是几个高中生。看得出，其中一个男孩对天文很有研究，他边走边给同学讲，知识面很广，讲得也生动有趣，不少参观的人也都加入进来听他讲，还不时爆发出一阵阵笑声。妈妈看到周华向往的神色，便不动声色地拉着周华跟在他们的后面，并时时观察周华的神情。只见周华满脸崇拜之情，妈妈微笑着点点头。

参观过后，妈妈问周华，今天都有些什么收获，周华讲了很多关于天文方面有趣的故事，妈妈知道这里面很多都是刚才那个高中生讲的。妈妈又问周华想不想成为那个高中生那样的人，周华很使劲地点了点头。妈妈趁热打铁道："周末，我们搞个家庭聚会，把亲戚们都请过来，你把今天学到的知识分享给大家好吗？"看到周华有些为难，妈妈继续说："那个高中生不就是把自己的知识分享给大家的吗？你想成为他那样的人，就要学会和大家交流。"妈妈鼓励地看着周华。周华想了想，终于点了点头。

周末很快就到了，在妈妈的帮助下，周华终于站在了众人面前，由于紧张，周华讲得有些磕巴，但是他还是讲完了，众人都鼓起掌来。周华非常高兴。自那以后，妈妈经常会组织一些家庭聚会，从周华熟悉的亲戚到陌生的妈妈同事，周华讲得也越来越流利，也越来越开朗，不再局限于自己的小天地了。

事实表明，孩子的交往能力只有在良好的环境和更多的交往实践中才能得到锻炼。所以，父母要有意识地给孩子提供和创造人际交往的环境和机会，引导孩子逐渐掌握人际交往的能力。生活中，家长要鼓励孩子多与同伴交往，让孩子参与各种活动，外出做客时，要让孩子多观察成人间的交往，家中来客人时，让孩子参与接待，逐步消除孩子在交往中的羞怯、恐惧心理。例如，让孩子出门去找同班的小伙伴玩耍，或邀请小伙伴到家里来做客，或带孩子出去串门、走亲戚，多领孩子到公园、游乐场等公共场所，减少孩子对不同人、不同情境的陌生感，增强其交往需要和兴趣。给孩子创造一些与人交往共处的机会，时间长了，孩子就能增强与人交往的能力。

2.让孩子学会自己解决冲突

有一次，昊昊的同桌想问他借一本图画书，由于同桌平日不爱惜书本，他就不想借给他，于是便找了个借口。结果，同桌很生气，说他是"吝啬鬼"，还故意推了他一下。那一天，他和同桌一句话也没说。

昊昊觉得很委屈，便把事情的经过告诉给了妈妈，并央求妈妈出面帮他解决。妈妈并没有答应帮他解决，而是对他说："这样吧，你自己先来分析一下整件事情。"

昊昊想了想，说："我不应该因为他不爱惜书本而不借给他图画书，但是他也不应该说我是'吝啬鬼'，并故意推我。"

"儿子，你分析得不错。那你就想一个既公平又合理的办法吧！"

"如果我把书借给他，那他就不会这样对我了。所以，我打算明天就把书借给他。不过，我会提醒他要爱惜书。"

"妈妈支持你的决定。当同桌看到你把书借给他时，相信他一定会非常高兴。"

第二天，昊昊把书借给了同桌，并提醒他爱惜书。而同桌也就昨天的事情向他道了歉，并承诺会好好爱惜书。

　　这位妈妈的做法真巧妙，更值得借鉴。面对孩子之间的矛盾，我们不妨让他先站在一个旁观者的角度来分析整件事情，然后再找出公平、合理的解决方法。

　　在孩子与别人发生冲突时，家长应该关心孩子自我能力的提高，要让孩子学着自己去解决问题而不是替代他出主意，更不可以教唆孩子实施暴力，否则，不仅会使他和同学之间的矛盾激化还会影响孩子的心灵成长。

　　当孩子之间产生争吵时，家长首先不要大惊小怪，而应引导孩子正确认识交往中的各种矛盾，让孩子"独自"去学会如何面对交往上的小问题，教给孩子一些正确的交往方法，如分享、交换、轮流、协商、合作等，让孩子学着自己解决问题。其次，应该适时公正地加以引导，培养孩子勇于改错的精神，能原谅他人，在交往中能互相帮助，具有同情心。

第二章
克服不良心理，
帮孩子扫除社交障碍

自卑——不自信是交往的最大障碍

一般来说，正常的孩子都喜欢与同龄人交往，并十分看重友谊，但具自卑心理的孩子绝大多数对交朋结友或兴趣索然，或视为"洪水猛兽"。

自卑是一种性格缺陷，自卑性格的形成往往源于儿童时代。一个人小的时候，正是性格和信念发展的重要时期，也是一个人学习功课、掌握本领的重要时期，此时如果产生了自卑感，不相信自己有能力去改变世界，整日用一种消极和自卑的情绪去生活，那么他们的自我暗示就会接收这种缺乏信心的情绪，从此一蹶不振，引发出人际关系障碍和许多行为上的困扰，妨碍学习、生活和人际交往的正常进行。这对于孩子的成长是十分不利的。

10岁的小婷是小学四年级的学生，从外地转学来到这里上学，她自尊心特别强，以致发展到一种自卑的地步。

小婷相貌平平，她觉得自卑，认为老师和同学不喜欢她；

她成绩不好，也自卑，认为老师讨厌她；

上体育课她跑得不快，某一天穿衣服不好看，她都自卑。

总之，小婷为自己的一切事情自卑，所以，她不喜欢说话，不喜欢交往，逃避老师的关心，上课总在回避老师的目光，不自觉地思想就开了小差。

回到家里，她常常对着作业发呆，妈妈对小婷这种情况也无能为力，只能默默地在心里替她着急。

上面的例子，虽然不普遍，但在一部分孩子身上存在。这类孩子往往比较自卑，常常以消极的态度评价自己，认为自己不如别人。如果这种自卑心理得不到及时纠正和关注，会形成孩子的心理障碍，影响孩子的人际交往和身心健康。因此，父母应关注自己的孩子有没有自卑心理，一旦发现，须尽早帮助其克服和纠正，以免形成自卑性格。

1.不要拿孩子进行比较

一般来说，自卑的孩子很不自信，担心自己在别人的眼中不够好，并且很在意别人对他的评价。而这种不自信源于父母的比较心理。

生活中，很多父母总喜欢在别人面前，拿自己的孩子和别人的孩子做比较。或许家长这样做的目的，只是单纯地想让自己的孩子向别人学习，以取长补短，但是不知不觉中，已经伤了孩子的自尊心，并严重影响孩子的人际交往。

单元测验的成绩出来了，婷婷一脸喜悦地回到家。

"妈妈，我们今天考数学了。""是吗，这回得了多少分？""85分，比上次高10分呢。"婷婷有几分骄傲地说。"哦，这回是比上次进步了。对啦，你知道隔壁的扬扬考了多少分吗？""好像是90多分吧。"婷婷有点不高兴地回答道。

母亲似乎并没有察觉，接着说："怎么又比她考得差？你努点力行吗？""你凭什么说我没努力？比上次提高了10分，老师还表扬我进步了呢，就你总是不满意。"婷婷生气了，她提高嗓门喊了起来。"你怎么这么不懂事，我这不是为你好吗。你看人家扬扬，每次都考得那么好，哪像你时好时差，也不知道争点气。""我怎么不争气啦？你嫌我丢你的脸是不是？人家扬扬好，那就让她做你的女儿好啦。"婷婷气冲冲地走进自己的房间，"砰"地一声把门关上了。

类似事情在很多家庭时有发生，家长总是把自己的孩子与别的孩子做比较，这也不如别人，那也不如别人，拿自己孩子的短处和别的孩子长处比，这样只能伤害孩子的自尊心。因为失败感，孩子会失去自信，不但影响亲子关系，还会使孩子在生活中常常碰壁。

世界上没有相同的两片树叶。同样，世界上也没有任何两个孩子是完全一样的，每一个孩子都有自己相应的优点和缺点，能力和特长也各不相同。用一把尺子衡量所有的孩子是不正确的，永远也不会公平。家长望子成龙，望女成凤，希望自己的孩子同优秀的孩子一样优秀，这种心理是无可厚非的。但是一定要了解自己的孩子，要根据自己孩子的实际确定教育的目标，而盲目地与别的孩子比较是不切实际的。

有一对邻居，两家各有一个同龄的儿子，从小一起玩耍，非常要好。自打两位小朋友还在幼儿园的时候，他们的母亲就已经开始激烈竞争到底是谁的孩子更聪明，对于每一次考试结果，两个母亲都要比较到底是谁的孩子成绩更好。长久下来让两个小孩的生活变得越来越紧张，终于在小学四年级的时候，两位小朋友再也无法忍受每天都那么紧张的日子，他们开始一起逃课，跑到游戏厅去打发时光，两个孩子的成绩都一落千丈。好在经过这个教训之后，两位母亲及时醒悟，如今她们不再严格要求孩子考试的分数，只希望孩子能够正常地接受教育。

我国有句老话："人比人，得死；货比货，得扔。"这话虽然说得直白，却有很深的道理，可惜常常不被人们重视。过多的比较只会给孩子蒙上心灵的阴影，带给孩子沉重的心理负担，从而失去兴趣和自信这原始的潜动力。

印度的一位思想大师说过："玫瑰就是玫瑰，莲花就是莲花，只用去看，不要比较。"作为父母，切记不要将自己的孩子和别人的孩子去比较。每一个孩子都有他自己的个性，每一个孩子也都应该从他自己实际的基础上发展，而不是做别的孩子的复制品。

2.引导孩子正确认识自己，接纳自己

孩子在交往的过程当中，常常会觉得自己的自我形象很差，其中一个主要的原因是不断跟别人比较。每个人都希望自己在众人中是很靓丽的，但是当孩子发现自己在某方面比不上别人或自身存在缺陷的时候，那可能会觉得自己很差。对此，父母要引导和教育孩子对自己进行积极、正确、客观的评价，并且认识到任何人都具有自己的长处，也都会有短处或不足。因为一个人只有客观地评价自己和他人，与他们进行正确的社会比较，才有助于肯定自己，才可能克服自卑感。

在生活当中，父母还要注意并善于发现孩子的优点和点滴的进步，并不失时机地给予肯定和表扬。孩子认为自己有优点，也能取得一定的成绩，便会增强取得更大更好成绩的信心和希望了。

美国前总统罗斯福是个有缺陷的人。他小时候是一个脆弱胆小的学生，在课堂里总显露出一种惊惧的表情。他有哮喘病，呼吸就好像喘大气一样。如果被叫起来背诵课文，他会立即双腿发抖，嘴唇也颤动不已，开起口来含含糊糊、吞吞吐吐，然后颓然地坐下来。由于牙齿有点外落，加上难堪使他一脸灰色。

像他这样一个小孩，自我的感觉一定很敏感，常常容易拒绝参加同学间的任何活动，不喜欢交朋友。他是一个自卑心理很重的人！然而，罗斯福的父母却通过鼓励和其他一些积极的教育方法，使罗斯福树立起了很强的奋斗精神——一种任何人都可具备的奋斗精神。

他爸爸对他说："罗斯福，你有着别人所没有的特点，你将成为一个伟大的人！所以，你没有必要为别人的嘲笑而减低勇气。你要用坚强的意志去努力奋斗。你一定会成功的。"从此以后，罗斯福开始坚信自己是勇敢、强壮或好看的。他用行动并且始终坚信自己可以克服先天的障碍而得到成功。

罗斯福从此不再在缺陷面前退缩和消沉，而是充分、全面地认识自己，在顽强之中抗争。而且他不因缺憾而气馁，而是将它用做动力，将它变为资本、变为扶梯使自己登上了成功的巅峰。他当了受人尊敬的总统，在晚年，已经很少有人知道他曾是有严重缺憾的人了。

一个能肯定自己、接受自己的孩子，会有更大机会享受健康的身心和愉快的社交生活。他们和人交往时，能自如地调节关系。所以，父母要教会孩子肯定自己、接受自己。

俗话说：尺有所短，寸有所长。每个孩子都有一定的长处，也都有他的短处。父母可以通过和孩子的沟通、别人的评语、参与游戏活动时的表现，让孩子清楚自己生理、心理、能力等各方面的强势弱势，同时建立一个接受自己强势、弱势的态度。只有父母坦诚地引导孩子认识自己的强势弱势，并且认识到所有人都有各自的强势弱势，孩子便会明白，没有一个人是十全十美、无懈可击的，他才会很自然地产生自我接纳的态度。

3.给孩子更多积极的评价

有的孩子之所以不自信，变得越来越自卑，一个非常重要的原因就是家长对孩子要求过高，使孩子时时处处被批评与指责。长此以往，孩子每做一件事，他在潜意识中总会对自己做出否定的结论。

小丽的父母都是大学教授，做父母的把全部希望都寄托在了小丽的身上，希望他们的女儿能够出类拔萃非同凡响，希望自己的女儿成为一个全才，所以对她在各方面的要求都非常严格。

起初，小丽的表现很出色，不论在幼儿园里还是后来的学校里，她都很活跃。老师同学们都很喜欢她。但这样仍不能让她的父母满意，因为父母给小丽定的标准就是"永争第一"。每当小丽拿着自己认为不错的成绩单高高兴兴地回家时，得到的总是父母的训斥："这道题怎么能错呢？都没能得第一名，瞎高兴什么！"小丽不禁伤心地低下了头。

　　小丽小学三年级时参加了全市的歌咏比赛，拿到了二等奖。下台之后，她高兴地向爸爸妈妈跑去，没想到看到的却是父母的冷面孔："你看人家获一等奖的那个小朋友，嗓子多甜美，表现得多好，可比你强多了，你呀，真让我们失望。"小丽当场就流下了委屈的泪水，周围的人们都很诧异。

　　渐渐地，小丽就变了。原先那个特别开朗、调皮、聪明可爱的孩子不见了，现在的她总是一个人独处，很害羞、胆怯，不和小朋友们一起玩；上课从来不主动回答问题，就是老师把她叫起来，回答也是含含糊糊、犹犹豫豫，总是说我不行，我不知道。和原来相比，她简直像换了一个人一样。

　　嘲笑与指责不但不会使孩子改正缺点，获得进步，反而会使孩子产生一种心理上的恐惧感，从而否定自己，并产生自卑感，严重的还会意志消沉、精神萎靡，所以说，家长们不要奢求孩子能完美地做好每一件事，而应该首先鼓励孩子去做，然后努力发现孩子在做这件事的过程中值得肯定的方面并进行及时的表扬，从而慢慢地增强孩子的自信心。要让孩子懂得做该做的事，并努力把它做好，这本身就是成功，也是对自己最好的肯定。

自私——凡事都以自我为中心

　　凡事都以自我为中心是一种严重影响与他人人际交往的心理障碍。生活中，有些孩子自我中心意识很强，常常不会为他人着想，也不会考虑他人的感受。为人处世总是以自己的需要和兴趣为中心，只关心自己的得失，而不关心别人的利益得失。他们总是从自己的经验出发来解释世界，并盲目地坚持自己的意见，顽固不化，从不轻易改变自己的态度。其实，偶尔地表现出以自我为中心是人之常情，是无害的。然而，自我为中心一旦成为一个人稳定的人格特征，则最终是有害无益的。自我为中心会使别人敬而远之，使自己处于自我封闭和自我隔离的状态中。时间久了，必将会导致他形成自卑、孤独、退缩等种种心理障碍，根本无法享受到人际交往的愉快体验。

小慧出生在一个贫困家庭，从小父母就教她勤俭节约，但父母并没有告诉小慧"勤俭节约"的真正含义。于是，在学校里小慧成了"小气"中的一人。平常，小慧向其他学生借文具时，其他同学都会借给她，而当别人向小慧借文具时，即使是一块橡皮，只用一次，小慧有时都磨磨蹭蹭地才借给同学。小慧自从上了初中以后，住的是宿舍。在宿舍里，同学关系都特别好，经常买一些小零食之类的食品，每次都叫上其他同学一起吃，当然其中也包括小慧，而小慧家里穷，但又特别喜欢吃零食，有时买了零食总是偷偷地藏起来，等宿舍没人了再吃。有一次，她的这种行为被同宿舍的另一位同学发现了，告诉了全宿舍的人。从此，宿舍中人再吃零食时，从不叫上小慧。

显然，上例中小慧的种种表现就是自私自利。

孩子自私自利，往往表现在只顾自己、不管他人，一切以自我为中心，有所谓"各人自扫门前雪，哪管他人瓦上霜"的性格特征。或者在金钱和财物上吝啬贪婪，自己的东西就不愿与人分享，而别人的东西却是拿得越多越好。这样的孩子常常令人生厌，很难与人交往，因此也就很难获得知心朋友。过分自私自利的孩子，还会在父母有事情的时候，因为自己得不到照顾而对父母发火，使父母伤心流泪。这样的事件在现实生活中确实出现不少。

其实孩子自私并不是天生的，而是由很多原因造成的，大致有以下几种：

第一，以自我为中心的心理特征。自私小气是孩子成长过程中的自然现象，是自我意识的本能体现。孩子经常把心目中的一切物品理解为"我的"，如"我的小床""我的玩具""我的……"，从未理解到别人的需要。

第二，父母行为的影响。比如，邻居来借物品，父母害怕东西借出去会被弄坏，而故意找一个理由搪塞，这种行为无意中成了孩子的教材；另外，父母对孩子过分迁就、溺爱，在很大程度上滋长了孩子的自私心理，比如，好吃的菜让孩子先吃，好的水果让孩子先挑……而一旦孩子出现小气行为后，父母往往不分析原因，而是这样安慰自己："家里只有一个孩子，要是有两三个孩子便知道分享了"，"长大就好了"。

第三，同伴的错误"示范"。孩子在与同伴交往时，看中了同伴的玩具想玩一下，却被对方拒绝，因此，当别的小伙伴向自己借玩具时也拒绝对方。可怕的是，有的父母还赞赏孩子这种行为，他们常对孩子说："别人不借给你玩具，你就不借给别人玩具。"却不知这样会使孩子的自私吝啬行为愈发严重。

以上只是孩子自私的常见原因。当孩子出现自私吝啬的行为时，父母只有探究其中原因，才能有效地改变孩子的不良性格。

自私是一种心理障碍，很容易导致孩子发展成为一个吝啬、冷酷、残暴的人。无数事实表明，孩子的自私行为将影响到他的人际交往，因为自私的孩子不善解人意，不爱关心别人，不愿帮助别人，不会与他人合作，很难给人留下好印象，更难受到人们的欢迎。长大以后他往往会刚愎自用，无法处理好人际关系，甚至产生社交恐惧症。所以，家长在日常生活中应当帮助孩子摆脱以自我为中心，让孩子学会换位思考，替他人着想，从小养成为他人着想的习惯。

1.慷慨待人，为孩子做出榜样

父母是孩子的启蒙老师，因此父母以身作则是影响孩子性格的最有效的方式之一。在日常生活中，父母要做到慷慨待人，如肯把东西借给邻居使用，主动把好吃的食品拿出来让别人吃，乐意把自己心爱的物品转让给别人等。这些都是平凡的小事，父母做好这些小事，就会给孩子树立良好的榜样。

在邻居眼中，黄先生夫妇是一对热心、慷慨的夫妻。在社区里，他们看到别人有困难时，会主动伸出援助之手；从乡下的亲戚家带回来的土产，会送给左邻右舍品尝；邻居找上门来借东西，他们都会尽量满足。这些行为不仅被邻居们看在眼里，也被他们的儿子浩浩牢记在心上。这就使浩浩在无形中受到了良好的教育，自然变得很慷慨大方。

有一次，浩浩到乡下的外婆家过暑假，爸爸去接他回来的时候，外婆让他们带回一些梨。在回家的路上，浩浩对爸爸说："爸爸，我回家后送点梨给隔壁的小琴和虎虎吧，他们一定喜欢的。"爸爸高兴地说："好啊，我支持你这样做，你这叫分享，有好吃的、好玩的，也让别人尝一尝、试一试，别人将来有好东西也会主动与你分享的。"浩浩快活地说："这都是跟爸爸妈妈学的。"

父母做了什么样的表率，孩子其实都看在眼里。以身作则不是给孩子作秀，而是平日生活中发自内心的行动。如果父母懂得与人分享，慷慨大方地对待身边的人，孩子也会在父母无声的教育中受到熏陶，自然会表现得像父母那样慷慨大方。

2.引导孩子多为他人着想

生活中，当我们面对某一问题时，如果仅仅只是从自己的利益得失出发去考虑，而置别人于不顾，往往就会失之偏颇，甚至伤害他人。孔子说过："己所不欲，勿施于人"，意思是说：不要把自己不喜欢的事情强加给别人，而是要设身处地地为别人着想，也就是要多为别人着想。

为他人着想，就是要学会换位思考，站在他人的立场上体验和思考问题，设身处地为他人着想，把自己放在他人的位置上思考，真切地感受别人的痛苦和困惑。孩子一旦学会了换位思考、体谅别人、替他人着想，不仅可以更了解别人，赢得友谊，还能更好地与他人沟通。可以说，换位思考、替他人着想是孩子化解矛盾、赢得友谊与尊重的"圣经"。

叶圣陶先生很重视子女教育。他反复告诫儿女们：人是生活在人们中间的，在自己以外，更有他人，要时时处处为他人着想。有一次，他让儿子递给他一支笔，儿子随手递过去，不小心把笔头方向冲着父亲的手。父亲就对儿子说："递一样东西给人家，要想着人家接到手里方便不方便。你把笔头递过去，人家还要把它倒转。倘若没有笔帽，还要弄人家一手墨水。刀、剪一类物品更是这样，绝不可以拿刀口、刀尖对着人家。"冬天，儿子走出屋子没把门带上，父亲就在背后说："怕把尾巴夹着了吗？"次数一多，不必再用这么长的句子，父亲只喊："尾巴，尾巴！"就这样，渐渐养成了儿子冷天进出随手关门的习惯。另外，父亲还告诫子女开关房门要想到屋里还有别人，不可以"砰"地一声把门推开或带上，要轻轻地开关，这样才不会影响到别人。

学会为他人着想是人际交往的技巧之一。生活中，我们总会直接或间接地影响到别人的生活，反之，别人也影响到我们。懂得生活，懂得为别人着想，人与人之间才会融洽相处，快乐地生活。所以，父母要引导孩子为他人着想，顾及别人感受，学会凡事应多为别人着想。在涉及孩子和他人之间关系的事情上，反复让孩子明白要时时、处处、事事学会换位思考，多为他人着想。

恐惧——战胜社交恐惧

社交恐惧是以害怕与人交往或当众说话，担心在别人面前出丑或者处于尴尬的境况，而尽力回避的一种恐惧感。恐惧的对象可以是某个人或某些人，可包括除了某些特别熟悉的亲友之外所有的人。

李强，某工厂技术工人。他从小就十分"害羞"，"怕见生人"，用其母亲的话说就是："投错了胎，前辈子一定是个女孩。"上学也不太主动跟同学交往。父母根据他的性格，让他干了技工这一行，不需要跟人打交道。但随着上班以后摆弄机器的时间增多，李强越来越少跟人交往了。他有时间就躲在机房里，回家也躲在自己房间看书、听音乐。到了该谈朋友的年龄，父母开始着急，因为他从不主动跟女孩子交往。父母四处找人给他介绍对象。结果，他一见女孩子更是满面通红，人家问什么他就答什么，结果别人嫌他太木。他自己也觉得很失败，不应该这样。可越紧张越严重，到后来，女孩子问他话时，他结结巴巴连话都说不出来。这样一来二去，他的情况越来越严重，害怕在公共场合被人注意，尤其当众讲话、当众写字、食堂用餐以及使用公共厕所之时，都会心情紧张、心慌气短、大汗淋漓，产生一种明知过分却又无法控制的恐惧感。他不敢与别人对视，与人谈话时总避开别人的目光，似乎自己做了什么亏心事；见人就脸红，一脸红就更害怕别人笑话他没出息，紧张得脸更红了。他觉得不仅自己周身不自然，而且也让别人不自在，他总想克制自己的这些情绪表现，可是每次都不能奏效，他生怕自己这样下去会变成精神病，于是就逃避这些令人紧张的场合。

上例中的李强一见女孩就紧张，不敢与陌生人说话，甚至逃避社交场合，时间久了便产生焦虑、抑郁情绪，直接影响他的社会交往。这就是典型的社交恐惧。

据心理学家研究，具有社交恐惧的人担心会遇到害怕的社交场合或进入害怕的情境时才会出现症状，此时他们会表现出不同程度的紧张、不安和恐惧，并常伴有脸红、出汗、心慌或口干等植物神经症状，害羞脸红是社交恐惧最突出的表现。

社交恐惧是普遍存在的，不仅存在成年人的身上，一些内向和胆小的孩子身上也经常发生，很多人误以为这是孩子老实、听话，如果家长没留意，很容易发展成为"社交恐惧症"，严重影响孩子的心理和性格发展。

在成长过程中，孩子渴望得到友谊，在心理上希望能广交朋友。但是有些孩子在实际交往时，就出现了不敢见生人、和别人交谈时面红耳赤等不良的恐惧反应，精神系统都处于紧张的状态，这就是孩子的社交恐惧。

孩子在社交时出现的恐惧心理主要表现为以自闭、恐惧、焦虑为主的综合心理障碍。它的表现形式是不敢交友、害怕社交的一种自闭心理；有些孩子有社交的欲望但得不到满足，因此就会产生焦虑、孤独、害怕面对挫折的恐惧心理。由此他们开始逃避现实，总是觉得没人注意的地方才是最安全的。其实，社交恐惧的特点是强迫性的恐怖情绪，在心里想象出恐怖的情景来自己吓自己。

小甜今年上六年级，她现在的每一天几乎都是在恐慌之中度过的。无助的小甜找到了心理咨询师："求你帮帮我……"

在心理咨询师的耐心询问下，小甜吐露了心事：

童年时，小甜家里时常发生"战争"，因此，她从小就自卑、懦弱、胆小、不爱说话，甚至怕见生人。上五年级时，她发现自己不能适应集体环境，就让自己远离同学，一些男生为此经常拿她取笑。后来，小甜转学了。

上了六年级之后，功课紧张，小甜更是很少说话，很少与同学交流，渐渐地，她和同学之间没有了共同话题，她觉得自己非常笨拙，非常可笑。后来，万万没有想到的是，以前学校同班的一名男生也转来了她现在的学校。于是，小甜以前的一些经历便被当成笑话，几个无聊的男生给她起了一个绰号"哑人一代"，这让小甜非常愤怒，可当她想去责问他们时，却由于她体质比较差，遇到生气的事就浑身发冷，四肢抽搐，无法说出话来，而他们竟没有丝毫羞愧之心反而更加嚣张。为此，小甜十分痛苦，十分恐慌。

以上这个小案例中的小甜就是由于社交恐惧心理导致她不能正常与同学交往，最终陷入困境、不能自拔。这种社交恐惧是因心理紧张而造成的心因性疾病，只要有这种心理的孩子做到及时调理，就能战胜这种不良的心理障碍。那么如何帮助孩子克服这种心理障碍呢？

1.鼓励孩子参加各种社交活动和集体活动

鼓励孩子积极参加社交活动和集体活动，可以培养他们的参与意识、合作意识和团队精神，也能锻炼他们的组织能力、交际能力，让孩子变得快乐而不孤独，因而拥有一个好的健全的性格。丰富多彩的社交活动和集体活动，也会让孩子们扩大知识领域，发展才能，培养兴趣爱好和特长。此外，现代社会，竞争越来越激烈，鼓励孩子积极参加社交活动和集体活动还可以锻炼孩子的反应能力和抗挫折能力，使孩子积极向上。这对孩子未来的成长和成功有着非同寻常的意义。事实证明，孩子参加各种社交活动和集体活动对孩子的成长非常重要：

一位母亲曾经这样谈到自己的育女经验：

我女儿今年14岁，是一个社交能力非常强的女孩。从小学到初中二年级，她一直担任班长的职务，并且把班里管得井井有条。女儿现在所在的班级是一个有名的"刺头班"，有几个调皮的男生连老师都管不了，但他们却听从女儿的安排。女儿能够体现出这样高的社交能力，我想和我一直以来对她的引导是分不开的。

其实，从女儿很小的时候我就经常带着她参加一些社交活动，而且让她自由地和同龄的孩子相处。例如，我会经常带她参加音乐会、画展以及朋友间的聚会，让她熟悉各种场合的社交礼仪以及交往方式。周末闲暇时候，我也会带她到超市、邮局、商场去逛逛，让她接触一下不同的人群。每到女儿生日的时候，我还会帮助女儿策划一个生日会，让她当生日会的主人，以谦让有礼的态度去接待客人。等到女儿上了中学之后，我时常鼓励她参加或者自己组织一些集体活动。通过这一系列有意识的培养，女儿的社交能力比同龄的孩子要强很多，甚至比很多男生都要强。

像这样多带孩子参加各种社交活动以及鼓励孩子参加学校集体活动，既可以让孩子学到一些基本的社交礼仪，还会让他们取得良好的社交经验。当孩子接触过了各种场合和人群，他们就不会再害怕和他人打交道，社交能力也自然会得到很大的提升。

2.引导孩子多掌握一些交往技巧

因为父母调动工作的原因，12岁的李楠不得不转学离开自己熟悉的朋友。刚到陌生环境的李楠很不适应，她不知道怎样和新同学交朋友，所以放学回家后总是沉闷闷的。妈妈得知这种情况后对李楠说："你刚到一个新环境，肯定和大家都是陌生人，你那些新同学可能也想和你说话或者成为好友，你为什么不主动一点儿呢？"李楠为难地说："我要怎么主动啊？"妈妈说："首先你要主动和老师、同学打招呼，而且要面带微笑，让大家感觉到你的诚意。你平时不是很喜欢看书吗，明天你可以带着自己喜欢的书去学校，说不定也有同学和你一样喜欢，这样你们就有共同话题了。还有，和新同学交朋友的时候，尽量多表现出你的宽容、大度，一定会有同学喜欢和你交朋友的。"第二天李楠按照妈妈教给她的方法去做，主动和老师、同学打招呼，总是面带微笑，上午课程结束后她就和两个女同学相处得很融洽了。

其实，妈妈在和李楠的谈话中，告诉了她很多人际交往的技巧，如主动打招呼、分享、微笑、宽容等，这些不但会让孩子拥有朋友、融入集体，也会让孩子学会如何在人际交往中与他人友好合作，进而增加自己成功交往的可能性。

乔治·华盛顿大学的心理学家莱金·菲利普斯认为，许多孩子不能与他人正常交往的原因，是因为他们没有学会基本的人际交往技能，从而也不能以正常的方式和别人交往。所以，为了提高孩子的交往能力，家长要指导孩子学会沟通交往的技能和本领，如待人、接物、礼仪、谦让、谈吐、举止的规范；正确处理与伙伴间的关系，友好地与同伴交谈，用别人喜欢的名称招呼他人；

赞扬他人要诚心诚意，批评他人时要与人为善；体察别人的情感，了解别人的需求；学会当接受别人给予时，要考虑别人的奉献，追求自己需要时，想想别人的利益；引导孩子严于律己、宽以待人，不要斤斤计较，不要心胸狭隘；等等，让孩子学会交往的技能。

孤僻——敞开封闭的心

孤僻是指孤寡怪僻而不合群的人格表现。一般来说，性格孤僻的孩子具有相似的行为特征：性格比较内向，寡言，待人冷漠，不喜欢与人交往；情感不外露，对周围的人有厌烦、戒备的心理；猜疑心较强，易神经过敏；等等。

孩子养成孤僻的性格往往是事出有因，或者是小的时候受到过刺激、挫折，或者是受家庭环境的影响，或者是受到过什么伤害，等等。孤僻危害着孩子的身心健康，父母一定不要任其发展，要找到孩子孤僻的原因，让孩子走出孤僻的阴霾，重获美好阳光的生活。

古人说，独学而无友则孤陋而寡闻。孩子的正常健康成长离不开健全的朋友氛围，孤独是人类不健康的情绪情感体验。战胜孤独是顺利成长的前提。在矫正孩子孤独症的时候应强调这样的观点："友谊真是一样最神圣的东西，不只是值得特别推崇，而且是值得永远赞扬。它是慷慨和荣誉最贤惠的母亲，是感激和仁慈的姊妹，是憎恨和贪婪的死敌；它时时刻刻都准备舍己为人，而且完全出于自愿，不用他人恳求。"

鑫鑫是一个聪明可爱的小男孩，读小学三年级。就是这样的孩子，却不喜欢和同学交往，一有时间就玩他的电脑。原来，鑫鑫的爸爸妈妈是做电脑生意的。因此，鑫鑫很小的时候就接触了电脑，2岁多就会玩电脑游戏，4岁多就会用电脑看动画片、听音乐，6岁多就会上网溜达。开始时，鑫鑫的爸爸妈妈很开心，为鑫鑫不大点儿就是个电脑通而自豪。可不久，他们就不这么想了，甚至有些担忧。原来鑫鑫几乎整天对着电脑，叫吃饭都不答应，而且一离开电脑就无精打采，有一段时间说话还有些结巴。另外，鑫鑫很怕见生人，家里来个客人，他就躲在自己的小房间里不出来。最糟糕的是鑫鑫在学校的表现，整天低着头，不说话，不主动跟老师打招呼，也不跟同学来往，一有集体活动就逃开。

这时候，鑫鑫的爸爸妈妈开始感到问题严重了，于是，放下手里的生意，带鑫鑫到心理咨询室去看心理医生。医生说，这是长期待在电脑前，不到户外活动、不与人交往产生的后果，鑫鑫患上了轻度的"儿童孤独症"和"社交恐惧症"。

听到这个消息，爸爸妈妈都吓傻了，一脸茫然地望着医生。见鑫鑫的父母如此紧张，医生接着说道："不必过于担心，只要你们能让鑫鑫离开电脑，融入人群，他就会好起来的。"听了医生的话，两人才稍稍放心些。于是想尽办法来改变鑫鑫的孤僻。首先，把鑫鑫赶到户外去，让他在大自然中恢复天性和童趣。星期天，爸爸妈妈就把鑫鑫和他的堂姐、表弟都召集起来，带他们到乡下去，任他们在田野里狂奔、打闹、玩泥巴，开始鑫鑫还呆呆地，很快就痛快地玩起来。

除此之外，他们还尽量多找一些机会让鑫鑫与人交往。比如，外出做客都带着鑫鑫，邻居有电脑方面的问题让鑫鑫帮忙解答。家中来了客人，也要鑫鑫参与接待，迎客、让座、端茶倒水、主动与客人攀谈等，让鑫鑫学会待客访友。并且和学校老师沟通，只要学校组织集体活动，如演讲、郊游、踢球，就鼓励鑫鑫参加，锻炼他的交往能力。经过一段时间的引导、培养，虽然鑫鑫还爱玩电脑，但不再沉湎其中了，性格也变得开朗活泼起来，鑫鑫看到陌生人开始自信起来，说话也流利了许多，还交到了许多朋友。

上例中的鑫鑫虽然有了孤僻的倾向，但是好在他的父母及时发现并采取了正确的教育措施，帮鑫鑫摆脱了孤僻的性格。我们相信，只要父母能及时发现并采用正确的方法，那么孤僻的孩子一定会慢慢走出自闭，成为一个独立、自信的孩子。

1.鼓励孩子多交朋友

人生活在社会上，都是需要朋友的，尤其是知心朋友，平时可以互诉衷肠，在困难时可以互相鼓舞。

每个孩子都希望有几个思想上、学习上或者生活中志同道合的朋友，能够经常从朋友那里获得鼓励、信任和支持。在与周围的人相处时，朋友的肯定态度总是多于否定的态度，孩子就会感到与人有一种休戚相关、安危与共的情感。

孩子正处于学习知识、了解社会、探索人生和事业的发展时期，与同龄伙伴交往并建立友谊是正常的心理需要。过于封闭自己、不爱与人交往、在同学中人缘不好，都会影响到孩子的交往能力，使孩子无法适应复杂多变的社会，甚至变得害怕与人往来，变得孤独冷漠。父母有责任指导孩子获得更多的朋友，拥有更融洽的人缘。

2.鼓励孩子多参加家庭以外的社交活动

孤僻的孩子大都有一个共同的状况，那就是不爱和外面的人接触。起初可能是家长不为孩子创造与外界接触的机会，而发展到后来，就是孩子本身不喜欢与人接触了。

事实上，通过接触外面的人和环境，孩子会学会和他人联络感情、增长见识、提高应变能力和活动能力等，这些交往对孩子的身心健康是大有裨益的，所以，家长不要一味地限制孩子的自由，而应多为孩子创造和外界接触的机会。

10岁的嘉嘉是一个有些孤僻的小女孩。嘉嘉平时话很少，也不爱与人交往，还有些敏感多疑。妈妈发现嘉嘉的这一情况后，便有意识地帮她改掉这一不良性格。

为此，妈妈利用节假日和业余时间为嘉嘉创造与外界交往的机会。节假日的时候，妈妈会经常带着嘉嘉去串门、走亲戚，业余时间妈妈也会带着嘉嘉到游乐园、动物园、公园等场所玩。此外，妈妈还会鼓励嘉嘉邀请同学来家里玩，热情地招待他们，并给他们创造轻松的交往环境。

在这些活动中，妈妈有意地增加嘉嘉与别人交往的机会，让她感受到与人交往的乐趣。渐渐地，嘉嘉喜欢与人交往了，在妈妈的指导下也掌握了不少交往技能。现在，她也不再孤僻了，逐渐变得活泼、开朗。

孩子在和同伴的人际交往中更容易自觉地调整自己的行为，因此家长要鼓励孩子尽可能地多参加社交活动和集体活动，比如带孩子去参观、游览、看球赛、参加公益活动等，使孩子多一些与人接触的机会，这对孩子的健康成长都是有利的。

3.与老师合作

家长可以与老师取得联系，求得老师的帮助和配合。家长要向老师介绍自己孩子的情况，让老师更加清楚自己孩子的问题，从而在集体活动中多设计一些需要孩子合作的活动，并鼓励和指导孩子积极投入到活动之中。另外，最好让老师在活动中多注意观察了解自己的孩子，当发现孩子有了主动交往的表现时，及时地给予他表扬和肯定。

猜疑——谁动了我的奶酪

所谓"猜疑"，就是无中生有地起疑心。培根曾说过："猜疑之心犹如蝙蝠，它总是在黄昏中起飞。这种心情是迷惑人的，又是乱人心智的。它能使你陷入迷惘、混淆敌友，从而破坏你的事业。"

猜疑是人性的弱点之一。它使生活中的人们常常忘记了信任的存在，给自己无缘无故增添了一副沉重的精神枷锁，使敏感的心更加的脆弱不堪，终日陷入焦虑之中，甚至郁郁寡欢。

大学毕业后，李叶被一家知名外企录用，他欣喜不已，暗下决心，一定要干出一番成绩。他十分注意自己的言谈举止，唯恐稍不留意影响到领导和同事对自己的看法。一次，他成功地完成了一张设计图，高兴之余，情不自禁脱口而出：真是太棒了！邻桌的同事闻声抬头瞄了他一眼，他马上紧张起来，糟糕！同事一定觉得我太得意忘形了。又一次，听到部门主管与人谈话中提到"新员工"三个字，并表情严肃，他的心一下缩紧了，一定是说我什么不好的事情。上班路上，遇到一位年长的同事，对方随口一句：年轻人，走路都是昂首挺胸啊！坏了！这分明是在批评我盛气凌人，不尊重老同事。他马上将头垂了下来。此后，每当见到别人脸色不好或两三个人低声交谈，他总担心是不是在针对自己。过分猜疑让他身心疲惫，感觉周围的环境越来越差，苦恼万分。

李叶之所以会苦恼，就因为患了"猜疑"这一不良心理疾病。从心理学上讲，猜疑是由不信任而产生的一种怀疑心理，一个人一旦掉进猜疑的陷阱，必定处处神经过敏，事事捕风捉影，对他人失去信任，对自己也同样心生疑窦，损害正常的人际关系，影响个人的身心健康。

陈雪是一所寄宿学校初二的学生。有一天中午，同寝的赵莉在收拾书本时，将书堆放在了旁边陈雪的床上了，为此陈雪瞪了赵莉一眼。其实赵莉并没有看到，其他同学也没注意。但是她立刻后悔了，怕其他同学看见，不巧的是，正好有一位同学抬头看陈雪，陈雪只能不好意思地笑笑。

事情发生以后，陈雪心里非常担心，怕同学说自己太小气，以后对自己也不会那么好了。陈雪一整天都在注意其他同学的反应，也不出去上自习。恰好看她那位同学又问她："你今天下午怎么不去上自习呢？"陈雪认为这是让她走开，好和别人议论她刚才瞪眼的事儿。晚上大家一起去吃饭，陈雪回来晚了点，其他人正说笑着，也就没在意她，她认为她们一定彼此说好了，真的不理她了。第二天到教室，陈雪又发现别人用异样的目光看着她。心想坏了，她们一定对全班同学说了，这一下全班同学都知道自己是个小心眼的人了。

以后到教室的时候，听到同学们在笑，陈雪就认为是在笑自己；她坐在教室的前面，她担心别人在背后说她的坏话；坐在教室的后面，她又认为前面的人回头就是看她，然后再讲她的坏话。为此，陈雪整天坐立不安，觉也睡不踏实，怕睡着后别人讲她的坏话。不久，陈雪患上了失眠性神经衰弱，学习成绩也下降了。她居然还在想：别人这下更会笑我学习成绩下降了。

由此可见，猜疑的后果是多么严重。猜疑是孩子心底滋生的"暗鬼"，是人与人之间的"离心机"，会给孩子带来不良的人际影响。

从心理学上讲，孩子爱猜疑是对周围世界不信任度较高的一种心理表现，体现在孩子对周围事物显得极为敏感，并且易从消极方面去思维。因为具有多疑性格的人往往带着固有的成见，他们会通过"想象"把生活中发生的无关事件"拼凑"在一起，或者无中生有地制造出某些事件来证实自己的成见。在这样的情况下，孩子就会把别人无意的行为误解为对自己怀有敌意，甚至把别人的善意曲解为恶意，从而逐渐使他走向一种消极的人际关系。这样的孩子给自己的人际交往挖出了一条巨大的鸿沟，因此容易和别人产生隔阂，严重时还有可能与人争执，甚至伤害别人。因此，父母要及时帮助孩子纠正猜疑的性格与习惯，让孩子重返人生的正常轨道。

1.让孩子注意加强交流

沟通是解除疑惑的最好办法，而许多猜疑也不过是因为彼此沟通不畅而产生了误会。所以，孩子可以多和他人做交流，一些问题也就能顺利解决。

周末的一个上午，林涛上街看见了自己的好朋友吴斌，就高兴地上前跟他打招呼，没想到吴斌没有吭声就离开了。林涛心里十分难受，他不知道朋友怎么了，内向的他就想自己是不是做错了什么事，得罪了吴斌。

林涛考虑了很长时间，找出了很多自己感觉对不住吴斌的地方，但又觉得理由都不充分，他想，如果吴斌当时为那些事情生气，也不会到现在才想起不理自己。林涛与吴斌的关系很好，他不想失去这个朋友。在父母的鼓励下，林涛决定去问问吴斌。

第二天到了学校，林涛直接去找吴斌，问他昨天是怎么回事，这时候吴斌才向林涛赔了不是，说因为父母昨天吵架了，自己心情很不好，就跑到了街上，所以当时才没理林涛。林涛此时才知道，之前的猜想都是自己多疑。这次事件给林涛一个很好的教训，他知道以后有了什么疑惑应该及时找当事人问清楚弄明白，这才是解决问题的关键，如果独自胡乱猜疑，不仅解决不了问题，还可能会把事情弄得越来越糟。

在日常生活中，孩子之间、孩子与成人之间难免会产生误会和隔阂。误会和隔阂是猜疑的温床，消除它的方法是：积极做好情感交流工作。家长平时要注意让孩子多与自己和他人接触交往，通过谈话、共同游戏等活动帮助孩子与周围的人进行情感交流，培养孩子与同伴之间的信任感。

2.增强孩子的自信心

对于多疑的孩子，父母首先要帮助孩子建立自信，正视和接纳自己的性格特点，这是引导孩子健康成长的前提。当孩子自信满满的时候，他就不会在乎别人的议论和看法，而是将精力全心全意地投入到学习和生活中，多疑的心理自然而然就消失了。

上初二的袁华是一个各方面都比较优秀的孩子，他的成绩好，体育也棒，品德也不错，年年都被评为三好学生，是班里的焦点人物。

有一次，袁华听班里很多同学说男女谈朋友的事情，他感觉好像都是在影射自己。因为成绩好，班里的女生基本上都找他问问题，但其实他根本没有谈朋友。

袁华听到风言风语当时有些恼火，他想上前与别人理论，但想到自己身正不怕影子歪，没有必要去澄清那些流言，万一不是说自己，反而惹火上身。于是，袁华选择了不予理会，他放下了猜疑，理顺了情绪，像平常一样高高兴兴地上下学，同班里的任何同学依然像往常一样交往，包括那些可能在背后说自己坏话的同学。

一段时间之后，班里的风言风语消失了。袁华以大度、宽容和十足的自信，使自己没有被流言所伤害。

很多猜疑之事都是属于"天下本无事，庸人自扰之"的状态。由于缺乏自信，猜疑者特别在意别人的评价，又特别担心别人的评价，总是怀疑别人在做有损自己名誉或做不利于自己的事情。因此，父母要增强孩子的自信心，让孩子以乐观的态度看待现实，才不会遇事总往坏处想；以理智的方式对待别人的议论，才不会成天担心别人如何议论自己。

羞怯——和腼腆说再见

羞怯是羞涩、胆怯的意思，主要表现为紧张、难为情、脸红和退缩。

从心理学角度来看，羞怯心理是一种不敢与人接触和交往的病态心理。绝大多数的人都有过羞怯的经历，只是每个人的时间和程度各不相同。羞怯心理会对一个人的人际关系产生不利影响。而且，羞于与他人沟通还有可能产生不良后果。

好不容易盼到了周末，恬恬很开心，因为妈妈答应这周带她去游乐园玩儿。

周六早晨，恬恬一改往常周末赖床的坏毛病，不到8点就起床了。恬恬麻利地洗漱，吃完早饭，就和爸爸妈妈一起出发了。

游乐园里人可真多，各个游戏场所前的售票口都排起了长队。

爸爸去排队买票了，恬恬和妈妈在一旁等着。正巧，妈妈的同事李阿姨也带儿子小冬来游乐园了，两个大人见面打完招呼后，小冬热情地问了声"阿姨好"，同时，李阿姨的目光也落到了恬恬的身上。

"哟，恬恬都长这么高了，也越来越漂亮了。"李阿姨边说边准备拉恬恬，谁知恬恬却一下子躲到了妈妈的身后。

"来，恬恬，跟阿姨和小朋友打个招呼，问阿姨好。"妈妈边说边往前面拽恬恬。可是恬恬却紧紧地躲在妈妈的身后，说什么都不肯出来。

"这孩子，就是害羞，怕见生人，一见到生人就躲，其实她平时在家话可多呢。"这时妈妈有点儿尴尬。

两个大人又寒暄了几句，便各自走开了。

这时候，恬恬才从妈妈的身后出来。

妈妈不明白：孩子都10岁了，怎么还这么害羞呢？跟人说句话有什么好怕的呀？若是长大成了大姑娘，难道也要这样羞羞答答的，不敢见人吗？妈妈越想越难过，不知道该怎么办了。

在我们的身边，有很多这样害羞的孩子，他们不愿意主动与人交流，不愿意在公共场合出现。

其实，不是他们不想，只是害羞的心理在左右着他们，让他们无法逾越这个障碍。

针对孩子腼腆、害羞的问题，国外的一些儿童心理学家曾在多所小学进行了调查，结果显示：在5个小学生中就有2个腼腆的孩子，程度会因年龄不同而略有差别，而这其中60%以上为女孩。

女孩更易害羞，这是一个不争的事实，想必很多女孩家长们对此也深有体会。父母自己也会觉得迷惑不解，平常孩子在家中活泼大方、能说会道，可一旦见到生人，或者是离开家，就会变得局促不安、胆怯怕生。

其实，从心理学角度来说，孩子正常的害羞期是在1—2岁，如果孩子在这个年龄段出现害羞，是属于一种正常现象。但当孩子过了这段害羞期，甚至到了学龄期仍然过分害羞腼腆，父母就应对此多加关注、多加引导了。孩子独来独往、逃避现实、不善于社交的行为模式不是一朝一夕形成的，而是长时间积聚而成的。任何事情都是有基础有准备才会慢慢成型。孩子的害羞最终会把孩子推向孤独的深渊。没有人想当一个"孤家寡人"。那么，父母要怎样做呢？

1.培养孩子的独立性

父母应注意训练孩子独立自主的能力，在平常生活中，对于一些力所能的事情，父母应该积极鼓励孩子去做，如去书店买书、向警察问路等。当他开始尝试着与陌生人对话时，他的人际交往能力也会不断提高。

父母应当明白，其实孩子缺少的就是这第一步。只要走出第一步，他就会感到与人交往并非那么痛苦。当这种经验越来越丰富，他自然就能和其他人谈笑风生。

2.鼓励孩子多与人接触交往

笑笑是个内向、不善与人交流的小女孩。每次家里有生人来，她总是显出不高兴的样子；每次爸妈带她到朋友家里串门，她会一路吵着"不去"。每次带笑笑出去，笑笑的妈妈总是提前给女儿打"预防针"：见到认识的爷爷奶奶、叔叔阿姨要主动打招呼、问好，人家问什么要好好回答……但每次笑笑都是拿她的话当耳边风，如果对方是高高大大的男性，笑笑干脆趴在妈妈身上给人家一个后背。面对这样的场面，笑笑的妈妈非常难堪。为了培养笑笑的交往能力，她与老师沟通，请教儿童心理专家，最后决定要经常创造机会培养笑笑与人交往的能力。

就这样，只要到周末或者节假日，笑笑的妈妈都尽量请邻居家的小朋友到家里来玩，让笑笑慢慢跟孩子们接触，也让她感受到与孩子们在一起玩耍的快乐。此外，还经常带笑笑去参加社区举行的活动，将笑笑不愿与人说话、交流的坏习惯一点点纠正过来。

有一次，为了培养笑笑与人交往的能力，笑笑的妈妈自创了一个小人偶表演。她特意邀请几个小朋友来跟笑笑一起排练，准备"六一"儿童节在社区小舞台上表演。通过这个活动，笑笑改变了不与人交流的坏习惯。

最后，这个表演在"六一"儿童节表演时得到了大家的欢迎，大家给予他们热烈的掌声。笑笑由此体会到了与人合作、交流的快乐，她不敢在陌生人面前表现的害羞情况也得到了改善。

当今社会，没有人可以脱离别人而存活下来。如果孩子过于害羞，不会与人交往，这会对他的成长造成很不好的影响。家长可以多带孩子到各种集体场合，让孩子多听到一些别人赞赏他的话，别人对孩子的友好尊重和夸奖能使他感到快乐，尝到了甜头，孩子会逐渐喜欢上与人交往。家长有一点要注意，最主要的还是要孩子和同龄伙伴多接触，可以有意识地邀请一些小朋友到家中来，让孩子自己做个小主人，亲自招呼这些小客人。平时父母也要注意帮助孩子结交新朋友。家里来客人了，可以适当地让孩子参与谈话，消除孩子的陌生感、拘束感，增长孩子待人接客的经验和知识。

3.帮助孩子树立自信心

10岁的蓓蓓是个腼腆的小女孩，她不喜欢与同龄人交往，身边一个同龄朋友都没有。妈妈让她多和同学们交往，可是蓓蓓却说自己不会交朋友，再说别人也不一定愿意和她玩。平时在家的时候，蓓蓓也只是待在自己的房间，不爱说话。

细心的妈妈发现蓓蓓对比她年龄小的小朋友很热情，而且富有爱心，经常和他们玩得很开心。于是，妈妈帮蓓蓓找到了一个表现自己的机会——辅导邻居家的小妹妹学习英语。由于蓓蓓的英语成绩一直都很好，所以这份"工作"恰好让她发挥了自己的特长。

经过蓓蓓一个月的辅导，小妹妹的英语成绩进步了很多，没过多久，附近有很多小孩子都慕名前来，请蓓蓓帮他们辅导英语。"事业"上的成功大大增加了蓓蓓的自信心，她也变得越来越开朗了。

害羞的根源通常是不够自信，自我评价过低。父母可以选择一些简单易行的活动让孩子自己去做。例如，让孩子做一些力所能及的家务活，或在孩子的特长方面加以夸奖等。当孩子取得了成绩时及时给予表扬，逐步树立孩子的自信心。

嫉妒——拔出心中那根刺

嫉妒，俗称为"红眼病"，是说一个人看到别人比自己强而产生的一种心理不平衡现象。它会破坏人际关系，伤害朋友间的友情，甚至会由于攻击性的情绪发泄而造成悲剧。

有这样一个故事：

有个人幸运地遇见了上帝。上帝对他说：从现在起，我可以满足你任何一个愿望，但前提是你的邻居必须得到双份。那人听了喜不自禁，但仔细一想后心里很不平衡：要是我得了一份田产，那邻居就会得到两份田产；要是我得到一箱金子，那他就会得到两箱金子；更要命的是，要是我得到一个绝色美女，那个注定要打一辈子光棍的家伙就同时拥有两个绝色的美女！那人想来想去，不知该提出什么愿望，因为他实在不甘心让邻居占了便宜。最后，他咬咬牙对上帝说："万能的主啊，请挖去我一只眼珠吧！"

故事中的主人公为了不让邻居过上比自己更好的生活，不惜伤害自己的行为，真是可怕之极。这种强烈的嫉妒心理，实际上是把自己置于深深的焦虑之中，折磨自己。但折磨来折磨去，却一无所得。

《圣经》里说："嫉妒是骨中的朽乱。"爱嫉妒的人常常陷入焦虑之中，他们会诋毁别人的成绩，还会怨恨自己的无能，心中充满唯恐被别人超越的苦恼，身心备受双重煎熬。嫉妒心强的人还会惹是生非，拆人家的台，给人家处处出难题、使绊子。同时也会使人变得消沉，或是充满仇恨，如果一个人心中变得焦虑或是充满仇恨，那么他的人际关系会变得越来越糟，他距离成功也就越来越远。

嫉妒之心，人皆有之，即便是孩子也不例外。现代社会，家长对子女的期望越来越高，孩子在竞争的环境里，学习压力越来越大。加上独生子女多有表现自我、突出自我的性格特点，这种竞争有时就会演变成嫉妒。嫉妒对孩子身心的危害是很大的，当一个人嫉妒另一个人的时候，就不会对那个人友善、热情，两个人的关系必然冷淡，还会破坏集体的团结和良好的心理氛围。

袁志东与李治民是小学的同班同学，袁志东读书勤奋，成绩在班上一直是名列前茅，人又乖巧，是老师的宠儿，也是其他同学羡慕的对象；而李治民虽然聪明，但由于他淘气，不爱学习，成绩很一般，又爱惹是生非，所以就常常受到老师和家长的责骂。到了初中，两个人仍在同一个班里。李治民此时开始意识到自己应该用功学习了，也不再淘气，成绩可以说是直线上升，老师也喜欢他，这引起了袁志东的不满。尽管这时袁志东的成绩仍然比李治民的好，可是他觉得一个像李治民这样调皮又懒惰的孩子怎能与他的成绩接近呢？

袁志东于是经常找李治民聊天，借此机会说以前李治民的劣迹，想以此打击他，这些李治民知道但是不在乎，只是一笑了之。李治民的成绩渐渐追上了袁志东，有时与袁志东不相上下。袁志东的心中已经堆成了一座火山，再也按捺不住，就当着李治民的面说："你算什么？在小学时，你总是在我后面很远，你难道不记得吗？"可是李治民仍然不受刺激，心平气和地对他讲："那是以前的事，未来才重要。"这使袁志东更加难过，时时想着不要被李治民超过，上课都无法完全集中精力，家庭作业也不像以前那样有计划地做了，看书的时候也会发愣，一想到李治民可能追上自己就觉得恐慌、难受。一段时间下来，在一次小考中，李治民的成绩超过了袁志东，之后袁志东的成绩更是大幅下滑。老师为此找过他谈话，可是谈话并没有让袁志东清醒，而是使他对李治民的不满上升到了"仇恨"的地步。家人追根究底地找袁志东成绩退步的原因，更加深了他的这种仇恨。袁志东认为他的成绩退步、他在同学当中的地位不如以前都是李治民一手造成的，必须将他做掉！嫉妒种下的邪恶种子终于在袁志东的心中开花结果。这天袁志东准备了一把小刀，很早地就在李治民上学必经之路等他。当李治民走近时，袁志东抽出刀子向李治民连刺两刀……

李治民因伤到要害部位，抢救无效死亡；而袁志东在案发第二天因涉嫌故意杀人被警方逮捕。

这个故事的悲惨结局是令人痛心的。造成这个悲惨结局的罪魁祸首是谁呢？不言而喻，那便是嫉妒。

嫉妒是一种原始的情感，是人类心理中动物本能的表现。它是对别人在品德、能力等方面胜过自己而产生的一种不满和怨恨，是一种被扭曲了的情感。如果孩子有了这种不健康的情感，就等于给他们自己的心灵播下了失败的种子。

嫉妒是孩子成长过程中一个不容回避的问题，它并不可怕，关键在于如何战胜它。生活中，父母要对孩子的嫉妒心理给予关注，平时要细心观察了解，关心他们的心结所在，一旦发现嫉妒心态的萌发，就应该及时地加以正确引导、制止和纠正，使孩子能够朝着健康的方向发展，在以后的人生道路上成为真正的强者！

1.让孩子认识到嫉妒的危害

有一位父亲这样讲述他如何帮女儿改掉嫉妒的心理：

我女儿今年11岁了，嫉妒心特强，每当她看到别的同学得了奖状时，心里会很不舒服，还会在家里大哭。看到我夸赞邻居女儿的成绩好时，女儿就愤愤不平地说："老师包庇她。"开始我也没当回事，直到去年期末考试前，邻居女儿有3张复习卷丢了，想借女儿的复印，女儿一口咬定卷子借给表妹。可我发现女儿有2份卷子，原来女儿竟拿了邻居女孩的卷子，这时我才意识到事态的严重。任何一个思想成熟的人都明白"嫉妒是思想的暴君，灵魂的顽疾"。我叫女儿不忙复习，我们先谈谈心。

我把嫉妒的危害一条条讲给她听。

第一，对自己来说，嫉妒憎恨别人又无法启齿，只会让自己在痛苦中煎熬。

第二，对别人来说，被嫉妒者往往因挫折反而勇敢进取更显优秀。比如偷卷子既不能提高自己的成绩也不能阻止别人进步，反倒让自己背上品德不好的思想包袱，可见嫉妒无损他人而折磨自己。

第三，嫉妒是丑陋的。一旦道德堕落，干出伤天害理之事，还将受到社会谴责、法律惩处。

女儿听到我说了那么多嫉妒的危害后，一言不发。我知道她内心受到了震动。第二天，邻居女儿约女儿上学时，女儿拿出卷子向她道歉："昨天是开玩笑的，没影响你复习吧。"听到女儿这么一说，我终于放心了，因为女儿认识到了嫉妒的危害，就能从根底里拔掉嫉妒这棵毒草。

当父母发现孩子有嫉妒心理时，要及时向孩子讲明嫉妒的危害性，嫉妒不仅影响孩子间的团结，而且对自己也没有好处。应当认识到嫉妒的本质和危害，因为人人都需要与同伴接触和交流，而嫉妒却有碍于人际关系的和谐和自己的进步，发展下去既会害了别人，还会毁了自己。

2.培养孩子博大的胸怀

有嫉妒心理的孩子，往往有自身的性格弱点。如：与人交往时，喜欢做核心；当不能成为社交中心时，就会发脾气；不会感谢人，易受外界影响；等等。对有性格弱点的孩子，家长要悉心引导。在孩子面前，对获得成功的人多加赞美，并热情鼓励孩子虚心学习他人长处，积极支持孩子通过自己的努力去超越别人。对遭到不幸的人给予同情，不可纵容孩子幸灾乐祸，以助长孩子的嫉妒心理。对孩子的挫折，要耐心地同孩子一起做认真的理性分析，帮助孩子找到失败的原因，支持孩子再做努力，决不可让孩子怨天尤人，垂头丧气，一蹶不振，从而使孩子经得起任何风吹浪打，对别人的成功感到由衷的高兴，对他人的不幸给予深切的同情，对自己的失败具有再造成功的信心。

3.引导孩子正面宣泄负面情绪

孩子对他人拥有的自己不具备或得不到的东西，往往会产生一种由羡慕转化为嫉妒的心理，这是很正常的现象。父母平时应该多和孩子接触交流，及时掌握孩子的心理变化，了解孩子嫉妒的直接起因，耐心倾听孩子的心理感受。要知道，孩子的嫉妒是直观、真实甚至自然的，它完全不像成年人那样掺杂着许多其他的社会因素，它只是孩子们对自己愿望不能实现而产生的一种本能的心理反应。因此，当孩子显露出其嫉妒心时，作为家长，千万不要严加批评指责，而是倾听，理解他的愤怒、不安、烦躁等不良情绪。在孩子倾诉完之后，要为他正确分析与他人产生差距的原因。积极寻找缩短差距的途径和方法，以便使孩子能正确与他人进行比较，以积极的方式缩短实际存在的差距，最终化解内心的不平衡。

小文和小佳从小学一年级开始就是形影不离的好朋友，几乎天天一起写作业，平时也腻在一起聊个没完。可是有一天，小文打电话叫小佳出去玩，小佳却说："我在看书呢，没时间出去玩。你找别人玩吧。"小佳妈妈听到后，觉得有些奇怪，平时恨不能分秒不离、好成一个人的两个好朋友到底怎么了。

在妈妈的一再追问下，小佳终于说出了自己心里的不快。原来，小文评上了"市三好学生"，这几天所有的老师和同学都在夸奖着小文。小佳觉得小文和同学、老师都冷落了自己。

小佳妈妈感觉到了女儿的嫉妒和不平衡，就给小佳讲了恩格斯无私地帮助马克思的故事，并反问小佳："如果你取得了成绩，是愿意听大家的祝贺，还是更愿意听好朋友的祝贺呢？这个时候，要是能有好朋友陪在身边，小文该有多高兴啊！这个时候，你要问问自己'为什么小文评上了，而自己和其他同学却没有评上'。和好朋友在一起，不应该只是玩的时候觉得高兴，更应该看到朋友的优点，学习朋友的长处，为朋友的成功高兴。是不是应该这样呢？"

听了妈妈的话，小佳想了想，惭愧地点了点头。半年后，小佳当上了学习委员，小佳对妈妈说："这都是向朋友学习的结果。"

小佳妈妈的引导方式是正确的，理解孩子的心理和情绪，给孩子讲历史上的伟大人物是如何对待朋友和友谊的。让孩子明白人与人之间不仅仅有竞争这一种关系，要从正确的角度去看待事物，让自己更加进步。

第三章
学会社交礼仪，
让孩子拥有好人缘

懂礼貌的孩子到哪里都受欢迎

礼貌是人们之间在频繁的交往中彼此表示尊重与友好的行为规范，是人类交际中言语和举止谦恭、得体的表现。它就像一块敲门砖不停为你敲开友好之门，让你在人际交往中如鱼得水。正如德国谚语中说的那样，有礼貌的人，能走遍天下。要想建立起良好的人际关系，就应该先学会礼貌待人。

某高校的一批应届毕业生，被导师带到北京某实验室里参观实习。他们坐在会议室里，等待实验室王科长的到来。这时，有位实验室的服务人员来给大家倒水，同学们表情漠然地看着她忙活，其中一个还问："有矿泉水吗？天太热了。"

服务人员回答说："真抱歉，刚刚用完。"

学生们顿时怨声一片。

只有轮到一个叫刘丽娜的学生时，她轻声地说："谢谢，大热天的，辛苦了。"

这个服务人员抬头看了她一眼，满含着惊奇，因为这是她当时听到的唯一的一句感谢话。

这时候，王科长走进来和大家打招呼，可能大家已经等得不耐烦了，竟没有一个人回应，王科长也感到有点尴尬。刘丽娜左右看了看，犹犹豫豫地鼓了几下掌，同学们这才稀稀落落地跟着拍起手来，由于掌声不齐，显得有些零乱。

王科长挥了挥手说："欢迎同学们到这里来参观。平时这些事一般都是由办公室负责接待，因为我和你们的导师是老同学，非常要好，所以这次我亲自来给大家讲一些有关的情况。我看同学们好像都没有带笔记本。这样吧，秘书，请你去拿一些我们实验室印的纪念手册，送给同学们做个纪念。"

接下来，更尴尬的事情发生了，大家都坐在那里，一个个很随意地用一只手接过王科长双手递过来的纪念手册。

王科长的脸色越来越难看，走到刘丽娜面前时，已经快要没有耐心了。

就在这时，刘丽娜礼貌地站起来，身体微倾，双手接过纪念手册，恭恭敬敬地说了一声："谢谢您！"

王科长闻听此言，不觉眼前一亮，用手拍了拍刘丽娜的肩膀："你叫什么名字？"

刘丽娜很礼貌地回答了自己的姓名，王科长点头微笑回到自己的座位上。

早已汗颜的导师看到此情景，才微微松了一口气。

两个月后，在毕业生的去向表上，刘丽娜的去向栏里赫然写着这个实验室的名字。有几位颇感不满的同学找到导师问："刘丽娜的学习成绩最多算是中等，凭什么选她而没选我们？"

导师看了看这几张因为年轻而趾高气扬的脸，笑道："刘丽娜是人家实验室点名来要的。其实，你们的机会不仅是完全一样的，而且你们的成绩还比刘丽娜好，但是除了学习之外，你们需要学的东西还有很多，礼貌便是重要的一课。"

歌德说："一个人的礼貌是一面照出它肖像的镜子。"一个人是否礼貌，绝不是无足轻重的小事，它表明一个人是否具有道德修养。我们有了礼貌，就有了与人交往的亲和力。有的礼仪形式看似简单，只不过是一个微笑、一声道谢、一种举手之劳，但这不起眼的表现，却可能成为我们立身处世的法宝。

礼貌是人们的道德准则，是人与人相处的规矩。苏联作家冈察尔说："礼貌是最容易做到的事，也是最珍贵的东西。"英国著名哲学家约翰·洛也说：

70

"礼貌是儿童与青年所应该特别小心地养成习惯的第一件大事。"显然，礼貌对一个人来说是多么重要。

父母必须教孩子养成礼貌行为。孩子虽然不是成人，但与他人交往，要有尊重他人友善的态度。一个没礼貌的孩子，是不受欢迎、不讨人喜欢的，就相当于关闭了与他人进一步交往与合作的大门。尤其是与人初次见面的时候，礼貌待人更加重要。

画家丰子恺的儿子丰陈宝，从小特别怕生人，在客人面前显得不太礼貌。有一次，丰子恺到书店赶一项编辑工作，把小陈宝也带了去，想让他帮着抄抄写写。这天，来了一个小陈宝不认识的客人，这位客人同丰子恺谈了好长时间，小陈宝一直没有与客人打招呼。客人与丰子恺谈完后，就过来与小陈宝打招呼、告别。这下小陈宝可愣住了，他一时不知道如何是好。送走客人后，丰子恺语重心长地对小陈宝说："客人向你打招呼告别，你怎么可以不理睬人家呢？"

后来，丰子恺一直非常注重小陈宝的礼貌教育。他告诉小陈宝，客人来了，应该为客人端茶、盛饭，而且一定要用双手捧上，这样表示恭敬。他还风趣地打比方说："如果用一只手端茶送饭，就好像皇上对臣子赏赐，更像是对乞丐布施，又好像是父母给孩子喝水、吃饭。这是非常不恭敬的。"丰子恺对小陈宝说："客人送你什么东西的时候，你一定要躬身双手去接。躬身表示谢意，双手表示敬意。"

这些话都深深地印在了小陈宝的心中，后来，小陈宝果然成为一个彬彬有礼的孩子。

礼貌归根到底是习惯的问题。一个不懂礼貌的孩子很可能会成长为一个不懂礼貌的大人，而不懂礼貌会使他在社会竞争中处于劣势，在工作中很难获得同事的尊重和友好协作，在生活中也不易获得友谊和自信。所以说，要想使孩子成长为有所作为的人，父母就应教孩子从小懂礼貌、讲文明。

文明礼貌是孩子做人的"身份证"，是孩子随身携带的"教养名片"。一个有教养的孩子必然有良好的文明礼仪，这样的孩子比较受人欢迎，也就是心理学上所说的"被众人接纳的程度高"。礼貌要从小培养，否则就会形成坏习惯，一旦形成坏习惯，再改就很难了。只要家长们从思想上认识到这个问题的重要性，并在生活中给孩子以正确的引导，就一定能够培养出讲文明、懂礼貌的好孩子。

1.教孩子学会礼貌语言

小慧的妈妈是一家商场的售货员，她自己的思想素质很高，对小慧的要求也比较高。在妈妈的教育和影响下，小慧养成了很好的文明礼貌的习惯。

生活中，小慧总会熟练地使用"您好""请""谢谢""对不起"等礼貌用语，亲朋好友都经常夸奖她懂事。一次，在公交车上，小慧和妈妈一起并排坐在靠走道边的座位上。这时，上来一位老太太。小慧的妈妈说："宝贝，我们是不是该为老奶奶让个座位呢？"女儿很懂事，站起来就对那位老太太说："老奶奶，请您坐我这儿吧。"那位老奶奶微笑着向小慧投去了赞赏的目光，并感激地对她说了声"谢谢"。小慧妈妈也为女儿的行为感到高兴。

在学校里，小慧也是班上最讲文明懂礼貌的学生之一。她每次见到老师时都会亲切地打招呼问好；放学回家的时候，她还会和很多身边的同学告别说"再见"或"明天见"。并且，她在学校里的一言一行、一举一动都体现出了她是个讲文明懂礼貌的孩子。正因为此，小慧在学校还获得了"文明礼貌小标兵"的荣誉称号。

可见，培养孩子礼貌的行为，做父母的责无旁贷。只要从日常生活的点点滴滴入手，耐心地加以指导，自然会形成礼貌的行为习惯。

教孩子学会礼貌语言，是培养孩子优良道德品质的重要内容。语言美能反映一个人的心灵美与高尚的情操。孩子年龄小，缺乏社会生活和交往的经验，不懂得什么是礼貌语言，也不会使用，家长要认真地教会他们。其内容有：对父母、老师和其他年长者要称呼"您"；请求别人帮助时，要用商量的口吻说"请""劳驾"；当得到别人的帮助时，要说"谢谢"；当别人感谢时，要说"别客气"；当妨碍了别人或给别人带来麻烦时，要说"对不起""麻烦您了""请原谅"；当别人赔礼道歉时，要回答"没关系"或"不要紧"；在街头巷尾碰到同伴、长者，要说"您好"，而不能低头侧身装没看见；与别人分别时要说"再见"。

2.为孩子树立榜样

有一个主人，他养了一只会说话的鹦鹉。平日里他对这只鹦鹉总是粗话不断。有一天，他准备招待一些贵宾，他想："有什么新奇的玩意儿可以在朋友面前显显自己的威风呢？"于是他想到了那只鹦鹉，于是他连夜教了鹦鹉几句话。

第二天，他大宴宾客，在宴席上，他取来那只鹦鹉，对朋友说："我这只鹦鹉可以和人对话，是一只非常聪明的鹦鹉。"

看到朋友们将信将疑的样子，于是他得意扬扬地对鹦鹉说："你好。"

鹦鹉歪着头想了半天，并没有按照他教的说，却冒出一句："吃饱了撑的啊？"

朋友们哄堂大笑，主人满脸通红，他又问："你叫什么名字？"

鹦鹉："一边去！"

朋友们笑得更厉害了，主人恼羞成怒，呵斥道："再胡说八道我就宰了你做汤。"

鹦鹉："去你的！"

其实，这些鹦鹉说的，就是平日这位主人的话！平日里不注意小节，又怎能指望它在关键时候表现得彬彬有礼呢？

鹦鹉学舌如此，孩子说话也是如此。孩子有没有礼貌不是天生的，是后天培养出来的，而且孩子天生就喜欢模仿别人，所以父母在家里的时候要注意自己的言行举止，注意讲礼貌，给孩子树立一个好的榜样。如，请孩子帮忙拿报纸、拿拖鞋时，别忘了对他说"请""谢谢"；出门上班时别忘了说"再见"；不小心撞到孩子时，别忘了说声"对不起"！送孩子上学，主动向老师打招呼"你早"、离开时说"再见"等。切忌言语粗俗，整日牢骚满腹，或对孩子粗暴无礼等不文明的行为。

学会微笑，把好情绪传给大家

在这个世界上，有一种全人类的共同语言，它就是"微笑"。笑容是有魔力的，它会感染给身边的人，使人与人之间的关系更加融洽。

法国文学家雨果说："有一种东西，比我们的面貌更像我们，那便是我们的表情；还有另外一种东西，比表情更像我们，这便是我们的微笑。"微笑是人类最动听的语言。真诚自然的微笑，会让一个人变得魅力十足，它传达的是人们心中的一份自信和坦然，这样人们的气场就会传达出积极向上的能量，让人与人之间更亲近、真诚地沟通。

著名的美国酒店大王希尔顿在一次新旅馆开业大会上问员工：

"现在我们酒店新添了一流的设备，你们觉得还应该配上哪些东西，才能使顾客更喜欢希尔顿酒店呢？"员工们纷纷提出自己的意见，但希尔顿却并不满意，他对员工们说："你们想想，如果酒店只有一流的设备，而没有一流服务员的微笑，顾客会认为我们提供了他们最喜欢的全部东西吗？如果缺少服务员美好的微笑，能使我们的上帝有回家的感觉吗？"

稍停片刻，希尔顿又说："我宁愿走进一家设备简陋而到处充满服务员微笑的旅馆，也不愿去一家装饰富丽堂皇但不见微笑的旅馆。"

正是这微笑经营策略让希尔顿酒店赢得了不少顾客，给希尔顿带来了荣誉和成功。

微笑是世界上最美丽的表情，是世界上最动听的语言。没有什么东西能比一个微笑更能打动人的了。不管是与陌生人，还是熟悉的人，相互微笑是一种礼貌的行为，将微笑常挂脸上，能够给人亲切的感觉，并使人产生愉快的情绪，是彼此重视和尊重的表现。

拿破仑·希尔这样总结微笑的力量："真诚的微笑，其效用如同神奇的按钮，能立即接通他人友善的感情。因为它在告诉对方，'我喜欢你，我愿意做你的朋友'；同时也在说，'我认为你也会喜欢我的'。"一个会微笑的人，无论走到哪里都是受欢迎的。

微笑是世界上最美的表情，是最动听的无声语言，是社交中最有力的武器。要想在社交中成为主角，就必须牢牢地把握住最有力的武器——微笑。无论你在什么地方，无论你在做什么，在人与人之间，简单的一个微笑是一种最为普及的语言，她能够消除人与人之间的隔阂。人与人之间的最短距离是一个可以分享的微笑，即使是你一个人微笑，也可以使你和自己的心灵进行交流和抚慰。

斯坦哈德在纽约证券交易所上班，他给人的感觉是那种很严肃的人，在他脸上难得见到一丝笑容。斯坦哈德结婚已有18年了，这么多年来，从他起床到离开家这段时间内，他很难得对自己的太太露出一丝微笑，也很少说上几句话。家里的生活很沉闷。他决定改变这种状况。一天早晨梳头的时候，他从镜子里看到了自己那张脸，绷得紧紧的，没有一点微笑，没有一点轻松和愉悦，自己看到的也是一种冷冰，一种苦相。他就对自己说：斯坦哈德，你今天必须要把你那张凝结得像石膏像的脸松开来，你要展出一副笑容来，就从现在开始。坐下吃早餐的时候，他脸上有了一副轻松的笑意，他向太太打招呼：亲爱的，早！太太的反应是惊人的，她完全愣住了，可以想象到，那是出于她意想不到的高兴，斯坦哈德告诉她以后都会这样。从那以后，他们家庭的生活完全变样了。

现在的斯坦哈德去办公室时，会对电梯员微笑着说：你早！去柜台换钱时，对里面的伙计也带着笑容。他在交易所里时，对那些素昧平生从没有见过面的人，也带着一缕笑容。

不久他就发现每一个人见到他时，都向他投之一笑。对那些来向他道"苦经"的人，他以关心的、和悦的态度听他们诉苦。而无形中他们所认为苦恼的事，变得容易解决了。微笑给他带来了很多的财富。

斯坦哈德和另外一个经纪人合用一间办公室，他雇用了一个职员，是个可爱的年轻人，那年轻人渐渐地对他有了好感。斯坦哈德对自己所得到的成就，感到得意而自傲，所以他对那年轻人提到"人际关系学"。那年轻人这样告诉斯坦哈德，他初来这间办公室时，认为他是一个脾气极坏的人。而最近一段时间，他的看法已彻底地改变了过来。他夸斯坦哈德微笑时很有人情味！现在的斯坦哈德是一个跟过去完全不同的人了，一个更快乐、更充实的人，他不仅拥有了财富，更是拥有了朋友和快乐。

看，这就是微笑的魅力。一位学者说："对人微笑是高超的社交技巧之一，也是获得幸福的保障。只要活着，忙着、工作着，就不能不微笑……"

微笑是善良的表现，微笑是真诚的流露，微笑是沟通人们心灵的调和剂。当家长们懂得了微笑的重要性后，就要认真学习微笑，正确使用微笑，用微笑对待孩子，并且教孩子学会微笑，以此来培养孩子健康的心理和健全的人格。教会了孩子微笑，等于赠给孩子一笔宝贵的财富。

1.教会孩子如何微笑

真诚的微笑是有教养的沟通和交往的标志。也许你的孩子缺乏沟通技巧，拙于人际交往，而"真诚的微笑"一定能够弥补他的某些不足。

真诚的微笑是发自内心的，而不是皮笑肉不笑。只有真诚的笑才最自然、最亲切的，因此家长要告诉孩子，不要没笑装笑，更不要强颜欢笑。例如，捂着嘴笑，会让人感觉很不自然；吸着鼻子冷笑，会让人感到阴沉；扬起嘴角来只笑"一半"，会令人感到虚伪。另外，与人交往的过程中，不要假笑、冷笑、怪笑、媚笑、怯笑、窃笑、狞笑等；要始终记住，微笑是给对方展现的一种礼节和尊重，如果不注意程度，则会适得其反了。此外，教会孩子微笑，还应该每时每刻、随时随地进行练习。

2.让孩子学会对陌生人微笑

在生活中，我们时时都在面对陌生人，对陌生人微笑是最动人的语言、最真诚的问候。当我们对陌生人微笑的时候，不仅把温暖给了别人，也将快乐留给了自己。

著名作家三毛生前一直念念不忘那么一个细节：在美国的公园里，一个大男孩突然在她面前站住，友好地对她一笑，然后就跑开了，过一会又跑回来，还是那种率真的笑，并轻轻拍打三毛的脸，然后给三毛一棵平凡而美丽的青草……这一切是多么浪漫而温馨。

现代人生活节奏快，往往省略了细节，但好细节却往往是从微笑开始的，都市人的冷漠面孔只能给自己带来更多的寂寞和孤独，所以家长们要教会孩子对陌生人微笑，让其感受到真诚和善意。因为大家毕竟共同生活在这个世界上！

3.不要吝啬对孩子微笑

微笑是世界上最美好的语言。生活中，父母首先要做到多微笑，并以此去感染孩子，让孩子在一种和谐友好的氛围中成长。如果父母不能以身作则，不能用微笑表示宽容和友善，那么孩子也就很难养成微笑的良好习惯。

有一位妈妈接自己的女儿放学。在回家的路上，妈妈这样问女儿："教数学的李老师好，还是教语文的张老师好？"女儿回答说："张老师好。""为什么呢？""因为张老师天天对我笑。"

在孩子的心中，只要老师天天有笑脸，就是好老师。因笑而得孩子这样高的评价，可见笑的分量。只要对孩子投以微笑，他们就满足了。教育最需要微笑，孩子也需要微笑的老师和家长。父母在教育孩子的过程中，不要把自己的不满写在脸上，而应该用微笑的方式与孩子沟通。

每天早晨醒来，家长都用最灿烂的笑容跟孩子说"早上好"；拥抱孩子的时候，都以最满足的笑容跟孩子说"妈妈爱你"；对于孩子取得的成绩或者付出的努力，都要微笑着表示赞扬和鼓励。微笑会给孩子无限的理解和信任，让孩子感到巨大的热情和愉悦。微笑传达着一份信任与理解，蕴含着一种真诚与关爱，代表了一份支持与赞许，可谓此时无声胜有声！这微笑印在父母的脸上，更融入孩子们的心中。久而久之，在耳濡目染中孩子也会带着微笑面对现实多彩的生活。所以，请给予孩子微笑的教育，对孩子保持那最真诚、最美丽的微笑吧！

若要别人喜欢你，就记住他的名字

在和人交往的过程中，记住对方的名字很重要。只要能够记牢对方的姓名，可以快速拉近彼此的距离，使对方对你产生良好印象。如果你想让孩子建立良好的人际关系，那么你就要告诉孩子记住别人名字有多么重要。

俗话说：人过留名，雁过留声。姓名是人的标志，人们出于自尊，总是最珍爱它，同时也希望别人能尊重它。美国前总统罗斯福说过："交际中，最明显、最简单、最重要、最能得到好感的方法，就是记住人家的名字。"踏入社会和人交往的第一秘诀就是记住他人的名字，因为记住每个人的名字，是尊重一个人的开始，也是与人有效沟通的第一步。

某学校招聘教师，要通过试讲从几名应聘者中选出一名。几名应试者都做了精心的准备。

铃声响了，一个个试讲者分别微笑着走上讲台。师生互相致意后，开始上课。为了避免满堂灌，有一个试讲者也效法前面几位试讲者的做法，设计了几次并不高明的课堂提问，但效果一般。下课时，比较自己与前面几名试讲者的效果，估计自己会输。

谁知，第二天他接到被录用的通知，惊喜之余，他问校长为什么选中了他。"说实话，论那节课的精彩程度，你还稍逊一筹，不过你在课堂提问时，你叫的是学生的名字，而其他人叫他们的学号或用手指，试想，我们怎么能录用一个不愿意去了解和尊重学生的教师呢？"

古人云：不知礼，无以立也；不知言，无以知人也。记住别人的名字，不仅传递了你对别人的尊重，满足了人类基本的心理需求，拉近了人与人之间的距离，产生其他礼节所达不到的效果，也体现了一个人的知识、涵养和魅力所在。

有位母亲教育女儿对别人表示友好与尊敬，首先就要记住别人的名字，并在恰当的时候称呼他们。

她给女儿讲了一个故事：有个学校的一些学生被邀请参观白宫，得到了克林顿总统夫妇的款待，克林顿夫妇和每一个学生及其家长握了手。让人吃惊的是，虽然学生很多，但是克林顿夫人却能很好地记住他们的名字。当孩子们离开的时候，她和学生们一一道别，并随口叫出每个人的姓名。这给在场的家长很深的印象。

讲到这里，母亲停顿了一会儿，接着她又说道："我知道克林顿夫人这么做，一方面是由于她有着惊人的记忆力，同时我也知道有一个细节，就是当她被介绍给某人的时候，她通常会先回答一些问题，在谈话要结束的时候再重复一遍他们的名字，这种重复有助于她记住别人的名字。"

女儿听了妈妈讲述的故事，意识到记住别人的名字是与人交往的一个重要细节，她表示要努力记住别人的名字。

记住别人的名字，不光是对他人的尊重，更是个人修养的一种体现。教孩子记住别人的名字，可以让孩子从心理上缩短和他人之间的距离，从而愿意与其交流，增进彼此之间的亲近感，还可以让孩子更加仔细地观察周围的人和事，锻炼孩子的辨识能力，对孩子将来建立良好的人际关系起到促进作用。但孩子并非天生就能记住别人的名字，这就需要靠家长有意地培养，使其形成好习惯。

有一对高级知识分子夫妇，他们很早就教育孩子要记住亲朋好友的名字。当家里来了客人或者孩子外出做客，他们总是鼓励孩子和亲朋好友打招呼。

经过长期的教育和训练，孩子不仅很有礼貌，也对每一位来客都很熟悉，孩子不到10岁，可以随便去每个他认识的人家。有一次见到一位阿姨时，他老远就喊："李金霞阿姨，您好！"当时那位阿姨很惊讶，看到孩子对自己印象这么深马上喜上眉梢。这使得孩子外出做客的时候总是受到主人的热情关照，很受亲友们欢迎。

善于记住别人的姓名是一种礼貌，也是一种感情投资，在人际交往中会起到意想不到的效果。美国一位学者曾经说过："一种既简单但又最重要的获得好感的方法，就是牢记住别人的姓名，并且在下一次见面时喊出他的姓名。"名字作为每个人特有的标识，是非常重要的。对一个人来说，自己的名字是世界上听起来最亲切和最重要的声音。它不但能使你的孩子获得友谊、达成合作，而且能立即拉近彼此的距离，使对方感到你的孩子在关心他、喜欢他，使他愉快和欣慰，从而为你的孩子打开一条通往成功的路。

记住别人的姓名，并不是一件轻而易举的事，需要下一点功夫，还得有一套方法，下面我们来简单介绍一下，以便家长指导孩子去记住别人的名字。

1.用心听记

把准确记住对方的姓名当成一件非常重要的事，每当认识新朋友时，一方面要用心注意听，一方面要牢牢记住。若听不清对方的大名，可以再问一次："您能再重复一遍吗？"如果还不确定，那就再来一遍："不好意思，您能告诉我如何拼写吗？"切记，每一个人对自己名字的重视程度绝对超出你的想象。如果记错了对方的名字，就很难获得对方的好感。

2.记住每个人的特征

人有许多方面的特征，有外形的特征，如眼睛特别大，胡子特别多，前额很突出等；有职业上的特征，如他最擅长某一技术，在某一技术、学识上有受人称道的雅号等；名字上的特征，有的名字故意用些生僻的字，或者很少用来做名字的字，有的名字与某几个人的名字完全相同，这本来是没有特征的，但可以把"同名共姓"作为一个特征，再把他们区别开来，就容易记忆了。

3.用本子记下对方的名字

如果对方的名字比较难记，你可以说："我记忆力差，请让我记下来。"对方不但不会讨厌，还会产生一种自重感，因为你真心实意想记住他的名字。为了防止以后翻到名字也回忆不起来，除了记下名字以外，还要把基本情况如性别、年龄等记下来。这个小本本要经常翻一翻，一边翻一边回忆那一次会见此人的情景，这样，三年五载以后再碰到此人，你也可以叫出他或她的名字来。

控制倾诉欲，学会倾听他人说话

与人交流，既要说，更要听，这才是交往之道。善于倾听的人，与他人的关系一般极为融洽。因为倾听本身就是褒奖对方谈话的一种方式。

人们都喜欢善于倾听的人，倾听是使人受欢迎的基本技巧。人们被倾听的需要，远远大于倾听别人的需要。倾听是心与心的交流。一位伟人曾经说过："喜欢倾听的民族，是一个智慧的民族；不喜欢倾听的民族，永远不会进步。"善于倾听的人，会有很多朋友。

基德是威廉见到的最受欢迎的人士之一。他总能受到邀请参加一些私人聚会。

一天晚上，威廉碰巧到一个朋友家参加一次小型社交活动。他发现基德和一个漂亮女孩坐在一个角落里。出于好奇，威廉远远地注意了一段时间。威廉发现那位年轻女士一直在说，而基德好像一句话也没说。他只是有时笑一笑，点一点头，仅此而已。几小时后，他们起身，谢过男女主人，走了。

第二天，威廉见到基德时禁不住问道：

"昨天晚上我看见你和最迷人的女孩在一起。她好像完全被你吸引住了。你怎么抓住她的注意力的？"

"很简单。"基德说，"有个朋友把她介绍给我认识后，我只对她说：'你的皮肤晒得真漂亮，在冬季也这么漂亮，是怎么做的？你去哪儿了呢？阿卡普尔科还是夏威夷？'"

"夏威夷。"她说，"夏威夷永远都风景如画。"

"你能把一切都告诉我吗？"我说。

"当然。"她回答。我们就找了个安静的角落，接下去的两个小时她一直在谈夏威夷。

"今天早晨，那个女孩打电话给我，说她很喜欢我陪她。她说很想再见到我，因为我是最有意思的谈伴。但说实话，我整个晚上没说几句话。"

看出基德受欢迎的秘诀了吗？很简单，基德只是让那个女孩谈自己。他对每个人都这样——对他人说："请告诉我这一切。"这足以让一般人激动好几个小时。人们喜欢基德就因为他注意他们。

成功学大师卡耐基说："做个听众往往比做一个演讲者更重要。专心听他人讲话，是我们给予他人的最大尊重、呵护和赞美。"每个人都认为自己的声音是最重要的、最动听的，并且每个人都有迫不及待地表达自己的愿望。在这种情况下，友善的倾听者自然成为最受欢迎的人。

世上许多人之所以不能给人留下良好的印象，正是因为他们不能耐心地做一个很好的听众。所以，如果要别人喜欢你，原则是：首先做个好听众。

对孩子来说，学会倾听也是一种必须具备的美德和交际能力。倾听既是一个听的过程，也是一个学的过程。在倾听他人的过程中，孩子可以从他人的言语中学习到一些自己不知道的知识和他人的为人处世的态度与原则。学会倾听，也就学会了尊重别人，学会了真诚处世，学会了关心，也学会了理解和沟通。

赵恺是个活泼开朗、能说会道、表现欲强烈的孩子。在课堂上，他总是积极回答问题，老师都夸他聪明。但是后来大家发现，如果老师没有叫他发言，他就垂头丧气，甚至小声地发牢骚。而当其他的同学发言正确的时候，他便露出不屑的神情，当其他同学回答错误的时候，他便扬扬得意，还嘲笑别人。丝毫没有虚心倾听的心态。为此，老师曾批评过他，但是一段时间后，他又忘记了倾听。

在与同学的相处中，赵恺处处发号施令，在做游戏的时候，他总是抢着把自己的想法说出来，别的同学发表意见的时候他不愿意听，还不时打断别人的话，自己滔滔不绝地说起来。虽然他的成绩不错，口才也很棒，但是他的人际关系并不怎么好。

人际交往成功的一个重要因素就是学会倾听。对孩子来说，学会倾听是一种必需具备的美德和交际能力。心理学研究表明，越是善于倾听的人，其人际关系就越融洽。因为倾听本身就是褒奖对方谈话的一种方式，如果你的孩子能耐心倾听对方的谈话，等于告诉对方"你是一个值得让我倾听你讲话的人"。同时，倾听也是一种能力和交流手段，一个善于倾听的孩子往往拥有更多的朋友。因此，作为父母，我们不光要教孩子学会说话，还要教他们学会倾听。

1. 教孩子一些倾听的技巧

倾听是一种学习技巧。孩子不能认真地倾听他人讲话，往往与他不懂得如何去听有一定的关系。所以，父母有意识地教他一些倾听的礼仪，对他养成倾听的好习惯有很大的帮助。我们要经常告诉孩子：听别人说话时，眼睛要看着对方，聚精会神地听清楚听明白。在别人还没讲完时，不要着急地发表自己的看法。听完以后再想一想，他说的或问的是什么，如果自己没有听清楚，可以再问一问，如果听清楚了，再说出自己的意见。

2. 认真听孩子讲话

在现实生活中，许多父母都没有认真倾听孩子心声的习惯，这也是孩子无法养成倾听他人习惯的原因。父母是孩子的第一任老师，一举一动都会影响孩子。因此，在日常生活中，应多与孩子交流。而在与孩子交流时，应放下手头的一切工作，眼睛专注地看着孩子，认真倾听孩子所说的话，不打断孩子的话，并不时地参与孩子的话题讨论，给孩子做好用心倾听的榜样。在孩子回答问题时，不管他们的答案正确与否，都应耐心认真地听他们说完；在孩子告状时，也应认真倾听并耐心引导他们解决问题，让孩子觉得父母在认真听着，在关注着他。

3.及时肯定孩子的倾听行为

社会心理学家认为，受人赞扬、被人理解和尊重能使人感受到生活的动力和自身价值。从某种意义上说，人去拼搏，去努力取得成就，目的就是为了赢得他人和社会的赞许和重视。一个人的辛勤努力，长期得不到肯定，那就有可能失去继续努力的动力。所以在"倾听"的培养中，家长千万不要吝啬你的赞扬，要让孩子能够品尝到成功的喜悦，获得成功的满足感。如"你做得真好，我想一定是因为你刚才听清楚了妈妈的话"，或者告诉孩子"妈妈很高兴，你刚才听我讲话时，又安静又没有插嘴"，等等。及时的鼓励、表扬孩子好的倾听行为，有利于孩子养成好的倾听习惯。

4.教孩子不要随意打断别人讲话

随便打断别人说话或中途插话，是有失礼貌的行为。家里有一个爱插话的孩子，是会让父母感到头疼，也容易让人认为孩子没礼貌，所以父母要帮孩子改掉这一习惯。

王宪是一个思维灵活、心直口快的孩子，在班会上及与别人谈话时，总是抢先发言。当别人说话时，他常常在中间打断，迫不及待说出自己的想法。而且，他不是举手打断，而是直接坐在自己的位置上大声发表言论。

他对自己常常打断别人的讲话这一行为并没有丝毫悔意，反而觉得自己的话能给发言的同学以启发，自己的观点都是正确的，而且一定要说出来。不管这时别的同学是否在陈述个人的观点，都要为他"让路"。

一开始，多数同学不愿意去直接批评王宪的这一做法，对他这种做法并没有过多介意。可时间一长，同学们对他就有看法了，有的甚至不愿意与他过多来往。

　　随意打断别人的讲话，这是对他人不尊重的表现。一个不知道尊重他人的孩子是不可能有朋友的。所以，父母要让孩子懂得语言的基本规则，当别人说话时，要集中注意力耐心去听，不随便插嘴，不打断别人的话，和别人对话时要懂得一问一答。

不说脏话，做个讲文明的好孩子

　　孩子在模仿中长大，从第一次喊"爸爸""妈妈"开始，慢慢地学会了说话，但是，随着孩子语言能力的增强，一些孩子不该说的脏话、粗话，也随之出现了。

　　最近一段时间，王先生发现上小学的儿子总会说"我靠""王八蛋""他妈的"之类的脏话，而且自己并没有意识到这样有什么不对。为了让儿子认识到错误，王先生狠狠地批评了他一顿。可是没过多久，王先生发现儿子还是继续说脏话。这一次王先生愤怒了，一把拉过儿子，说："你这个小王八蛋，从哪儿学的脏话连篇？瞧我不打烂你的屁股！"

　　现实生活中，这样的现象并不少见。而当你的孩子突然说了脏话，你在吃惊之余，教育孩子认识到骂人的坏处了吗？你是否注意了平时的生活环境对孩子的影响，以及教导孩子文明礼貌对一个人的重要性？

　　生活中，成人说脏话，听的人习以为常，没有人会去思考脏话的含义，顶多觉得厌恶，话不投机半句多，扭头走开了事；脾气大的恶语相向，甚至产生暴力冲突。但对于好奇、好模仿，而又入世未深的孩子，那可是天大的灾难！

北京市某小学六年级班主任对其所在班级的34名学生进行了匿名调查。调查中发现，说过脏话的学生占全班的94.1%，其中78.1%的学生开始说脏话的年龄是9—11岁。有些学生因一点儿小矛盾就对骂，有的已成习惯，张嘴就带脏字。调查结果告诉我们，当前小学生骂人现象比较普遍，这不能不引起家长的重视。

二年级学生小玲是一个乖巧可爱的女孩子，深受大家的喜爱。然而，前两天体育课上发生的一件"小事"，让班主任老师对小玲有了新的认识。

当时，体育老师正在组织大家集合站队，前面的同学不小心踩到了小玲的脚，小玲瞬间变了脸，抱怨地说道："你瞎啊！" 这一幕恰好被路过的班主任老师看到，事后对小玲进行了严肃的批评。

的确，孩子骂人、说脏话，很令家长头疼。但家长也应该认识到，在成长的过程中，几乎所有的孩子都骂过人，这是成长的必经阶段。一般来说，造成孩子骂人的原因主要有三个。一是孩子对于事情没有是非对错的概念，他们说脏话都是无心的，只是从大人那模仿而来，觉得好玩，就开始说脏话。二是孩子模仿他人说脏话，但没有得到家长的有效制止，孩子说脏话也就逐渐转变为一种习惯。三是被迫说脏话，因为孩子的自我意识还不是很强，于是他们就会用学来的某些言语来形容事物，或者是来发泄自己的情绪。比如，对于反应慢的小朋友，他就会用"笨猪"来形容。

说脏话是一种不文明的行为，是缺乏教养的表现，它直接影响到人与人之间的交往。但是，有些家长却对孩子说脏话的行为熟视无睹，尤其是对那些刚开始学说话的幼儿，听到他们偶尔学说一两句脏话时，甚至感到很有意思，这是非常错误的，日长时久，孩子就很容易养成说脏话的恶习。对此，家长一定要给予重视，从小纠正孩子说脏话的习惯。

1.为孩子做出表率

王女士开车带着4岁的小女儿去超市买东西。在超市的地下停车场里，王女士开着车转来转去，急着找寻一个停车位。王女士是一位律师，有着很高的个人修养。但当她看到有人抢先开车占了一个她一直等待在旁边的停车位时，忍不住小声骂了一句，"这个停车场真是疯了，这个混蛋真不要脸。"

几分钟后，王女士听到女儿鹦鹉学舌般地重复后半截脏话短语。刚听到女儿学脏话的时候，她还忍不住笑出声来，然后，她仿佛意识到了什么，马上停止了笑声，严正地告诉女儿说，"我们不说这个词！"

孩子的语言表达方式，在很大程度上是模仿成人而形成的。如果家长说话粗俗，满口脏字，这就很容易使孩子去模仿。因此，家长应该提高自身的修养，为孩子做出良好的榜样。此外，家长还应该有目的地筛选影视作品，让孩子结交语言文明的小伙伴，尽可能杜绝孩子学脏话。

2.正确的引导

当孩子说脏话的时候，家长要第一时间采取严厉的教育，要做到态度严谨，让孩子知道说脏话的严重后果，同时，多给孩子讲讲说脏话的一些不好的后果，这样孩子就会自己改正。

小强是一个爱说粗话的孩子，特别是对待爷爷奶奶很不礼貌。一个周末，妈妈说要带他去爷爷家玩，小强不愿意去，随口便说："老家伙家里没有网络，我才不愿意去呢？"妈妈听了非常生气，严肃地对他说："你可以不去，但是你说的这句话我不能接受，换个词再说一遍！"小强看到妈妈那张严肃的面孔，低头说道："爷爷家里没有网络，我不愿意去，可以吗？"通过这个方法，慢慢地，小强知道哪些话该说，哪些话不该说，现在坏毛病已基本上改掉了。

孩子说脏话固然不好，但父母不妨通过这个契机，帮助孩子树立是非观念。告诉他哪些词是不好的，别人不喜欢听，不能用，哪些词是好的，大家喜欢听，可以用。孩子也只有把好的和坏的词都学到了，才能进入树立是非观念的时期。另外，在我们批评孩子的时候，要注意用词文明，不可以在批评中也掺杂脏话、粗话。

3.教育孩子正确对待与他人的摩擦

5岁的男孩童童和邻居家女儿小雅在花园里一起玩耍时，童童搬小椅子时不小心碰到了小雅。童童并没有在意，继续玩耍。这时，小雅冲上来对童童破口大骂，此时，小雅的妈妈正在不远处和别人聊天，看到后，马上过来制止小雅，小雅气呼呼地说："谁让他碰我了，他碰我我就骂他！"妈妈很生气，不由分说就照着女儿屁股上打了几下。这下好了，小雅闹个不停。对女儿这样的骂人行为，小雅妈妈打也打过，训也训过，就是没有改掉小雅好骂人的坏习惯，对此她感到很苦恼。

有时候，孩子骂人是对自己受到伤害的一种宣泄反应，很多孩子会通过骂人来表示愤怒。例如，东西被他人偷走、被他人撞倒时，往往就会骂人。遇到类似的情况时，父母不要打骂孩子，要心平气和地与孩子谈谈，让他知道在生气的时候可以说些什么，教他如何来表达自己的愤怒之情。你可以教他一些既能表示愤怒，又尊重对方的话。你还可以和他聊聊，看看是不是能有一些其他的处理方式，如立刻走开、宽容他人的过失等。同时还要告诉他，相对于骂人来说，这些方法会有哪些好处。

对别人的举手之劳也要说"谢谢"

在任何一部汉语词典里，很少有词语一讲出就能立刻赢得一个人的好感。然而，"谢谢"这个词却有这个魔力。"谢谢！"这一蕴涵文明、礼仪的词语，让人欣喜，让人心仪，让人感动。对于他人的给予和帮助，我们送上一个笑容和一句真诚的发自内心的"谢谢"，这不仅是感谢别人的方式，更是促进人与人之间和谐的礼仪。

当年，顾雯还是山东省某实验中学高三的学生，参加了中国海洋大学首次自主招生考试。面试结束以后，顾雯走出考场。这时，两名门卫帮她拉开了大门。顾雯很自然地向门卫点头致意，并说了声"谢谢"。

这时候，中国海洋大学的教务处处长看到了这一幕。他走过来，对顾雯说："你很有礼貌，在今天下午已经结束考试的80多个考生中，你是第一个向门卫说谢谢的考生。"后来，顾雯成功进入中国海洋大学，成为这里的一名学生。

原来，在面试当天，这个教务处处长一直在考场外观察考生。看了半天，他发现，竟然没有一个考生对主动开门的门卫致意，或者说声"谢谢"。直到顾雯的出现，才让这位教务处处长眼前一亮。

因为一句话，顾雯在关键时刻充分展示了良好的个人形象和修养。最终，她得到上帝之手的帮助，走向了成功。

成功看似偶然，却隐藏着必然。一声"谢谢"，虽然微不足道，却体现了一个人的情商和素养，也许能够在关键时刻改变人的命运。在接受别人帮助时，道一声感谢，是对别人文明之举的一种肯定，同时也体现了一个人的教养。

一句"谢谢"，是对别人所付出劳动的一种肯定，是对别人所付出劳动的一种鼓励，更是对别人所付出劳动的一种最起码的尊重。仅仅是一声"谢谢"，虽然只是一个简简单单的词语，就足以让内心充满暖意，足以代表你的真诚。所以，我们要时刻怀着感恩的心，学会道谢，并让道谢成为一种习惯。

广场上，一家公司在做促销活动，免费赠送的气球吸引着不少孩子。"妈妈……"一个5岁左右的男孩拉拉妈妈的衣角，眼睛瞄向了气球。"好。妈妈给你要一个。"男孩心满意足地拿着气球到树荫下玩去了。另一个3岁多的女孩追着他看，尖叫声、欢笑声洒落一地。

气球爆炸了，两个孩子很沮丧。"妈妈……"小男孩喊。小男孩的妈妈看看烈日下的促销帐篷，对孩子说："要是还想玩，你去跟阿姨要一个吧。"小男孩蹦蹦跳跳着去了，气球在一个小塑料棒上插着，不小心就会掉下来。孩子一边小心翼翼地举着，一边开开心心地笑着。

妈妈一边擦着孩子额角的汗，一边问："你对阿姨说谢谢了吗？"

"谢谢！"孩子冲着远处喊。

"距离太远了，阿姨听不见啊！"

孩子又小心翼翼地举着气球走过去，向阿姨说了一声谢谢。

不多久，这个气球又爆了。小男孩看了妈妈一眼，又看看远处的促销帐篷，撒腿跑开了，当他又举着气球回来时，很有成就感："妈妈，这次我对阿姨说谢谢了。"

"这就对了。别人给了你东西或者给了你帮助，要说声谢谢！你要记着啊！以后不要再让妈妈提醒你好不好？"

"好！"孩子回答。

让孩子学会说一声"谢谢"，这是养成最基本的礼貌，这也是对别人起码的尊重。虽然只是简单的两个字，却能铸就孩子一生良好的品质！

对孩子来说，学会说谢谢，将会成为他人生道路上的"润滑剂"，将会减少人际摩擦，滋润人际关系，有助于成就事业。

父母作为孩子的第一任老师，需要教给孩子的东西太多太多。而最基本的就是要教给孩子拥有一颗感恩心，学会经常给帮助自己的人说"谢谢"。

1.提醒孩子及时表达感谢

苗苗今年5岁了，家里来了客人，还给苗苗带来了一份精美的小礼品。苗苗很高兴，抱着礼物半天不说话。

这时候，妈妈发现苗苗在接受他人礼物时没有说谢谢，就微笑着对苗苗说："苗苗，你好像忘记说什么了？"苗苗显然还没有意识到自己应该说什么，瞪着一双炯炯有神的大眼睛看着妈妈。这时，妈妈对客人说："谢谢您送给苗苗的礼物，我代苗苗谢谢您！"

苗苗听了妈妈的话，意识到自己没有表示应有的礼貌，于是也奶声奶气地说："苗苗谢谢叔叔给我的礼物！"

当孩子在生活中获得他人的馈赠或帮助时，父母要提醒孩子及时表达感谢。比如，带着孩子出入公共场合，对于周围人给予的便利，父母不仅要真心说"谢谢"，而且还要提醒孩子表达感谢。

2.做孩子的榜样

周末，一位父亲在自家院子里除草。12岁的女儿见后，关掉电视，来到院子里帮助父亲。由于是夏天，阳光火辣辣地照在大地上，一会儿，女儿的脸就被晒得通红，而且左手被月季花的刺扎出了血，但女儿毫不在意，仍然认真地帮助父亲拔除杂草。

父亲见状，虽然心里很高兴，但他也没说什么。这时，妈妈见女儿在院子里被晒得满脸通红，便拿了一顶太阳帽出来，并替女儿戴在头上。

"孩子，你妈给你送太阳帽，还亲自替你戴上，你怎么连一声'谢谢'都不知道说呢？"父亲转过身来教训女儿说。

"爸爸，您总是一再要求我对别人讲礼貌，要说'谢谢'，可是我在太阳底下帮您拔草已有两个小时了，你除了抱怨我干得不够好之外，对我说过一个'谢'字没有？"

"你……"父亲怔在那里。

父母是孩子的第一任老师，父母的一言一行都会直接影响到孩子，所以家长要率先垂范，做好榜样，利用一切可以利用的契机对孩子进行教育。例如，妈妈帮爸爸做事时，爸爸要大声地对妈妈说："谢谢！"妈妈接受爸爸的帮助，也要说一声："谢谢！"当孩子帮助父母做事的时候，父母也一定要表示感谢。有了这样的示范作用，孩子耳濡目染，渐渐接受这种最基本的礼仪，就会学会对他人的帮助表示感谢。

3.树立孩子的感恩意识

现如今的孩子多数是独生子女，在家的地位可谓是"位高权重"。全家一切以孩子为中心，而孩子们从小到大都是扮演被爱的角色，久而久之，很多孩子认为从父母或他人那里得到东西是理所当然的，生活中只知道索取，不知道回报，自然不会想着去关心别人、感激他人。如果想让孩子有一个美好的生活，就应该及早培养孩子的感恩之心。

一位母亲在为孩子操办一个盛大的生日派对后，孩子不但没有表示感谢，还直埋怨母亲这里做得不好，那里做得不好。母亲觉得很伤心，问自己的孩子："母亲花这么多钱和精力筹办这个生日晚会，你有没有感恩的心？"

孩子说："你办得好，当然我会感恩，但是你没有办好，我为什么要感恩。"

"就算你不满意，但是母亲这么辛苦，你就没有一点感恩之情吗？"

"我不觉得这很辛苦啊，为什么要感恩？"

"这个不辛苦，但是母亲生你，就不值得你感恩吗？"

"你们结婚生我，不是为自己也开心吗，我为什么要感恩？"

母亲语塞，哭了起来。

这是一个缺乏感恩意识的典型事例。

父母爱自己的孩子是本能，他们倾其所有，不求回报，但是许多孩子却认为这是理所当然的。父母的付出没有换来孩子的感激，这就需要父母自我反省一下了，是不是忽视了对孩子感恩意识的培养？

感恩教育是家庭教育的重中之重。让孩子从小怀有一颗感恩的心，是每一个家长的重要责任——让孩子感激给予生命并养育他们的父母，感激给予他们各种知识的教师，感激给予他们帮助的同学和朋友，感激生活中一切美好的事物。让孩子真正体会到我们的生活多么快乐幸福！让孩子学会关心，学会感恩，这将有利于孩子好的品格的形成，使孩子一生受益无穷。一个懂得感恩的孩子会更珍惜自己的生活，善于发现事物的美好，感谢他人给予的一切。

告诉孩子，一定要守时

守时，对孩子来说是一种好习惯，在与他人的交往中是一种礼貌和信用。

守时与否体现了一个人的教养和基本素质，不可小视。

然而生活中，孩子不守时的现象比比皆是，如上学迟到、考试迟到、和朋友约会迟到等。小的时候学不会守时，养成习惯了长大后依旧会如此，这种不守时的行为不但给他人留下不好的印象，还可能影响到孩子的生活以及今后的发展道路，给孩子的人生留下不可估量的损失。所以，守时的习惯应该从小养成，父母要及时帮孩子纠正不守时的坏习惯。

德国民间就流传着这么一句话，"准时是帝王的礼貌"。守时就是遵守承诺，按时到达要去的地方，没有例外，没有借口，没有理由，任何时候都得做到。即便你因为特殊原因不得不失约，也应该提前打电话通知对方，向对方表示你的歉意。这不是一件小事，它代表了你的素质和做人的态度。这里不是要告诉你守时这条原则的重要程度，是要告诉你一些它如此重要的原因。如果你对别人的时间不表示尊重，你也不能期望别人会尊重你的时间。一旦你不守时，你就会失去影响力或者道德的力量。

《世说新语》里有一则故事：

陈太丘和朋友预先约定好一起出行，约定在正午时分，约定的时间过了朋友却没有到，陈太丘便不再等候友人而离开了。当他离去以后，他的朋友才来到。

陈太丘的儿子陈元方当时年仅7岁，正在家门外玩耍。客人问他："你的父亲在家吗？"陈元方回答说："父亲等待您很长时间而您却没有来到，已经离去了。"客人便生气地说道："不是人啊！和人家约好一起出行，却抛弃人家自己离去。"陈元方说："您与我父亲约定在正午时分见面，到了正午您却没有到，这就是没有信用；对着儿子骂他的父亲，这便是没有礼貌。"

朋友感到十分惭愧，忙下车前来拉元方，想和元方握手致歉，可陈元方头也不回地走进了自家大门。

守时是尊重别人的开始，也是尊重自己的表率。守时的习惯代表你对自己的控制能力。如果一个人平常的举止行为，没有办法守时的话，那他做什么事情应该也难以如期完成。

守时是一种美德、一种素质、一种涵养，是待人有礼貌的表现。对于不守时的人来说，浪费的不仅仅是自己的时间和生命，同时也在消耗别人的时间和生命。守时是尊重别人的时间和尊重自己的时间。尊重别人的时间相当于尊重别人的人格、权利，尊重自己的时间则无疑是珍惜自己的生命。因此，守时的孩子更容易获得他人的尊重。每次的守时，都会给对方留下良好的印象，从而为自己赢得更多的朋友。不遵守时间的人，在浪费自己和别人宝贵时间的同时，也会失去朋友，有谁愿意和一个不懂得珍惜时间、不懂得尊重他人的人做朋友呢？

詹姆斯先生一贯非常准时。在他看来，不准时就是一种难以容忍的罪恶。有一次，詹姆斯与一个请求他帮忙的青年约好，某天早晨的10点钟在自己的办公室里见那位青年，然后陪那位青年去会见火车站站长，应聘铁路上的一个职位。到了这一天，那个青年比约定时间竟迟了20分钟。所以，当那位青年到詹姆斯的办公室时，詹姆斯先生已经离开办公室，开会去了。

过了几天，那个青年再去求见詹姆斯。詹姆斯问他那天为什么失约，谁知那个青年人回答道："呀，詹姆斯先生，那天我是在10点20分来的！" "但是约定的时间是10点钟啊！" 詹姆斯提醒他。那个青年支吾着说："迟到一二十分钟，应该没有太大关系吧？"詹姆斯先生很严肃地对他说："谁说没有关系？你要知道，能否准时赴约是一件极紧要的事情。就这件事来说，你因不能准时已失掉了拥有你所向往的那个职位的机会，因为就在那一天，铁路部门已接洽了另一个人。而且我还要告诉你，你没有权利看轻我的20分钟时间，没有理由以为我白等你20分钟是不要紧的。老实告诉你，在那20分钟的时间中，我必须赴另外两个重要的约会，我也不能让别人白等。"

不要以为约会迟到只是一件稀松平常的事，更不要以为它不足以产生严重的不良后果。事实上，在"守时"被视为美德的社会里，"迟到"是一种令人难以接受的恶习。不守时，不仅浪费了他人的宝贵光阴，还会给人留下一个坏印象。不守时，就等同于不守信用，会让他人对你失去信任。

在日常家庭教育中，家长一定要重视对孩子守时习惯的培养，不要认为这是一件无关痛痒的小事。家长需要用发展的眼光看待守时习惯对孩子成长的影响，它不仅仅让孩子充满魅力，而且会让孩子更受欢迎，更容易获得别人的信任。所以，家长一定要帮孩子养成守时的好习惯。

1.培养孩子的时间观念

有位爸爸在事先约定好的地方等待孩子一起去看电影，但是过了约定时间，孩子还没有出现。爸爸开始担心孩子是不是出了交通事故，虽然觉得孩子应该不在家里，但还是往家里去了电话。

接着，本来应该在来路上的孩子的声音出现在电话里："玩电脑忘记了。"爸爸呆然无语，也不听孩子的哭泣道歉，取消了看电影的计划，回到家就严厉地批评了不遵守约定的孩子。

守时就是要求孩子有良好的时间观念，而培养孩子良好的时间观念，养成不拖拉的好习惯，应该从孩子小时候抓起，让孩子在很小的时候就感知时间，懂得及时做到答应别人的事。如果孩子不守时，而我们又一次次地原谅他，他就没有机会认识到守时的重要性。人们常说"一寸光阴一寸金"，时间和机会一样从来不等人。所以，我们要让孩子懂得珍惜时间，同时也要珍惜他人的时间，不要总是迟到，让别人等待自己。

2.通过故事说道理

孩子喜欢迟到，做事拖拉，这都是还没有意识到遵守时间的重要性。父母可以在给孩子讲故事的时候，结合故事给孩子讲守时和不守时会引发怎样的后果，让孩子对于守时有一个概念，明白守时的重要性。下面这个故事就是一个很好的事例。

美国的罗斯福总统一向以遵守时间为第一要则，他一生中历经劫难，但是他还是凭借顽强的毅力和不懈的拼搏精神登上了美国总统的宝座。即使在他成为美国总统之后，无论工作多么繁忙，无论约会多么频繁，他依然尽最大可能地做到遵守时间。据说，有一次他约了一些新闻记者到白宫接受采访，可是就在他准备去白宫的路上，他的胃痛病犯了，司机和秘书随即决定取消这次采访。可是，罗斯福却不同意，他要求司机迅速把自己送到白宫，而秘书则替他到自己的私人医生那里开一些胃药。就这样，罗斯福忍着病痛接受了记者们的采访，当时采访的内容人们已经忘记了，但是所有的记者都深深地记住了罗斯福当时流着汗珠回答问题时的痛苦模样。

类似守时的小故事很多，鲁迅"时时早，事事早"的故事也同样可以讲给孩子听，让他们逐步意识到遵守时间的重要性。

3.对孩子进行指导和督促

守时也是守约的一种表现。小孩虽然重视与朋友间的约会，但自我控制能力不足，有时因贪玩或留恋某一件事，不能准时赴约，或因时间观念不准确，而错过约定时间，父母有责任提示孩子约定时间。比如，孩子和同学约好了出去玩，家长可以提前问一问孩子"准备好了吗"，"你们几点钟出发"，提醒孩子按时赴约，守时守信。家长平时要注意做个有心人，抓住孩子生活中的点点滴滴，有针对性地对孩子进行具体的指导，做得对的给予肯定和支持，做得不对的帮助其分析和思考。

4.做好孩子的榜样

父母要想让孩子养成守时的习惯，就要做到身体力行，用自己的言行给孩子做榜样。而且，许诺孩子的事情一定要办到，和孩子约定好的事情一定要按时办到。假如没有在约定的时间做到，就要及时向孩子认错，并请求孩子的谅解。

第四章
掌握社交技巧，
让孩子更具影响力

善于赞美他人，为人际关系加分

赞美是人际关系的润滑剂，也是最有效的技巧，它能缩短人与人之间的心理距离，使人们彼此之间产生亲切感。几句适度的赞美，可使对方产生亲和心理，为交际的沟通提供前提。心理学家杰尔士说过一句话："人性最深切的需求就是渴望被别人赞美。"人人都需要被赞美，人人都喜欢被赞美，这是人的天性使然。

在这个社会上，会说赞美话的人，似乎人际关系都处理得较好。当一个人听到别人的赞美话时，心中总是非常高兴，脸上堆满笑容，口里连说："哪里，我没那么好"，"你真是很会讲话！"即使事后冷静地回想，明知对方所讲的是赞美话时，却还是抹不去心中那份喜悦！

美国的赖斯·吉布林在谈到人际交往时曾说："每一个人都是人际关系的百万富翁。然而可悲的是：我们中太多的人'窝藏'了这种财富，或者只是吝啬地少量地施舍出来。甚至更糟的是，根本意识不到我们拥有这种财富。"那么，这种财富究竟是什么呢？就是"惠而不费"的赞美的语言。在人际场上，如果一个人能够说些得人心的话，适当地对他人加以赞美，那么他便会在人际场上畅通无阻。

有一位女大学生，她因为宿舍中人际关系紧张而苦恼。她打电话和母亲说，在宿舍里同学们互不来往，各自忙着自己的事情，似乎相互都有戒心，很难知心交谈，宿舍气氛沉闷，她希望改变这种状况，但又不知从何做起。母亲告诉她：从现在开始，试着夸奖他人，真心赞赏他人的长处，如："你今天气色很好！""你的眼睛真亮！""这件裙子对你再适合不过了！"等等。不久以后，她再打电话给母亲时说，宿舍的气氛完全变了样，大家相互帮助，彼此关心，在一起时有说有笑，下课后都愿意回宿舍，好像宿舍有一种无形的吸引力。

赞美是人与人相处的最巧妙的方法。大文豪马克·吐温说过："一句美妙的赞语可以使我多活两个月。"所以说，在人与人交往的过程中，适当地赞扬对方，会增强这种和谐、温暖的感情。

赞美是人际交往中最美的语言，它能让说者增光、听者得意。莎士比亚曾经这样说过："赞美是照在人心灵上的阳光。没有阳光，我们就不能生长。"赞美作为一种与他人社交沟通的技巧，其可谓是具有神奇的魔力，即使是几句简单的赞叹都会让人感觉到心理的满足。向别人传递一个真诚的赞美，能给对方的心灵带来光明。所以，在日常生活中，应该培养孩子去发现、寻找别人值得称赞的地方，并设法真诚地告诉别人，这样既可以给别人平凡的生活带来阳光与欢乐，使生活更加光彩，也会让赞美别人的孩子有一个良好的人际关系。

2005年5月10日，江苏省南京市一所小学举办了一次"表扬节"的活动。活动要求学生们要学会欣赏他人，多看到他人的长处，并学会赞美他人。

"表扬节"中，学生们都积极地去寻找他人的优点，要么是字写得好，要么是懂得勤俭节约。大家在表扬他人优点的同时，自己的优点也得到了表扬。

一位老师说："现在孩子基本都是独生子女，在家里享受了太多的娇宠，往往会过于自负，对别人的优点往往视而不见。"老师就是要通过这次表扬节，让学生们改掉这个毛病。

表扬节，这是一个让人忍不住拍手叫好的活动。

的确，今天，懂得赞美他人的人太少了，大家都更"愿意"去看到他人的不足，看到他人不如自己的地方。然后拿自己去和他人攀比，或者去指责别人做得不好的地方。孩子如果生长在这样的交往环境下，人际关系又怎么会好呢？

因此，这个表扬节的活动应该不只是在学校里举行，父母也要将其引入到家庭中去，让孩子无论是在学校还是在家庭生活中都能学会赞美他人。

学会赞美和欣赏别人对于提高孩子人际交往能力有很重要的作用。赞美和欣赏都是一种积极的情绪。学会赞美和欣赏别人就是学会找出别人的优点，无形中看出了自己的差距，这是一种潜在地激励自己的动力，有助于自己的进步。同时由于你的赞美和欣赏，别人获得了鼓励，引起别人对你的好感，更愿意和你在一起，形成一种无声的凝聚力。生活中只要孩子注意到了这一点，经常恰当地赞美别人，将会改变孩子的生活，让孩子拥有良好的人际关系。

赞美，虽然可以迅速赢得他人的好感，但赞美也是一个技术活，在具体应用的时候，要注意下面几点：

1.赞美要符合其身份

说话要看对象，赞美人也要看对象，符合其身份。赞美的一个关键点就是，要善于发现对方身上所具备的身份优点和长处，如从对方的事业、长相、举止、语言、家庭等多个方面来进行赞美，当然这个赞美要符合对方的实际状况，只有赞美优点才能够让对方感受到你是在赞美他，如果不加判断地赞美了对方的一个缺点的话，那么赞美只能适得其反。比如，你称赞一个比较胖的妇女很苗条，这就不符合你赞美对象的实际状况。所以，赞美是件很艺术的事情，父母需要帮助孩子根据不同的人、不同的性格，以及同样一个人在不同时间段的心情来改变说话的策略。比如，对于年长的，要在他的健康、阅历、经验、成就上做赞美，同时年长的人总渴望他人不忘记他"想当年"的业绩和雄风，同其交流的时候，可多称赞他引为自豪的过去；对比较年轻的人，可以在他的事业、精力、仪表、风度上找出突破口，在对年轻人进行赞扬时不妨语气稍为夸张地赞扬他的创造才能和开拓精神，并举出几点实例证明他的确能够前程似锦；对第一次见的陌生人，可从已知的他的成绩和直观的外表谈起；对学习比较好的学生，可赞美他刻苦努力；对体育比较好的学生，就赞美他勤于锻炼；对社会工作比较好的学生，则赞美他热心为大家服务……总而言之，赞美之间的对象是有区别的，生活中的每一个人都有自己的闪光点，区别是为了发现，区别是为了让我们的赞美更加的完美。

2.赞美要恰到好处

赞美要适度。赞美的尺度掌握得如何往往直接影响赞美的效果。父母应该提醒孩子，恰如其分、点到为止的赞美才是真正的赞美。使用过多的华丽辞藻，过度的恭维、空洞的吹捧，只会使对方感到不舒服，不自在，甚至难受、肉麻、厌恶，其结果是适得其反。假如在聚会上发现某人的歌儿唱得不错，你对他说："你唱歌真是全世界最动听的。"这样赞美的结果只能使双方都难堪，但若换个说法："你的歌儿唱得真不错，挺有韵味的。"他一定会很高兴。所以说，赞美之言不能滥用，赞美一旦过头变成吹捧，赞美者不但不会收获交际成功的微笑，反而要吞下被置于尴尬地位的苦果。古人说得好，过犹不及。

课间休息，刘洋向好友于亮发牢骚："真不知道她们女生是怎么想的，你不夸赞她吧，她就说你没眼光，连句'便宜话'都舍不得说；你赞美她吧，她又不领情，反而还对你翻白眼！"

于亮笑着问道："怎么啦，火气这么大？"

"还不是咱班新来的那个陈菲菲，老师不是安排她跟我同桌吗，刚才我为了表示友好，缩短彼此间的距离，就真心地称赞了她几句，谁知她却对我冷言冷语的，还白了我一眼，真是好心没好报！"刘洋愤愤不平地回答说。

"不会吧？你是怎么夸她的？"于亮追问道。

"'见男孩夸帅气，见女孩夸漂亮'这不是夸人的基本准则吗，于是我就说，'靓妹，你好漂亮哦！你是我见过的最漂亮的女生了，说真的，第一眼看到你我还以为是当红明星刘亦菲来了，我真的觉得你和刘亦菲是双胞胎呢！以你沉鱼落雁、闭月羞花的容貌，别说是'校花'非你莫属，就算西施再世，见了你也会因自卑而投江自杀；就算昭君重生，见了你也会因羞愧而远走边疆……'"刘洋对于亮诉说道，"我以为她听了我这番赞美，会客气地说声'谢谢'，谁知她一点都不领情，我还未说完，她便冷冷地说'你真会夸人'，说完还白了我一眼，然后就不再搭理我了，弄得我好不尴尬，你说我郁闷不？"

于亮笑得弯了腰，说："哪有你这样夸人的，人家肯定是以为你在讽刺她呢！"

上例中的刘亮明明是好意赞美，为什么却遭到了"冷遇"，就是因为没有把握好赞美的尺度，赞美语言太过夸张，让对方感到难以接受，结果适得其反。所以，父母要提醒孩子，不要说一些言不由衷的赞美，不要用带有讽刺意味的话语去赞美别人，更不要不分青红皂白地胡乱赞美，否则，这些做法不但会刺伤对方的自尊心，更会破坏自己与他人之间的关系。

3.赞美要有独到之处

现实生活中，有人精通赞美之法，有人却不会赞美别人。大文豪萧伯纳曾说过："每次有人吹捧我，我都头痛，因为他们捧得不够。"可见，高帽子是人人都爱戴的，关键是赞美的人能不能抓住被赞美之人的"闪光点"而已。在教孩子赞美他人时，父母一定要注意这一点。比如，外表看来比实际年龄年轻、漂亮英俊、气质不凡等，这些赞美之词，对这个特定的人而言已经听到过很多次，已经成为一种习惯，这样的赞美已经无法打动他的心，不能引起对方足够的重视了。如果你想把赞美的效果推向极致，就要尽量避免这些陈词滥调的赞美，而应该尽可能使自己的赞美新颖些，与对方经常听到的赞美有所不同，因为新颖的事物总是能够优先引起人的注意的。为了让自己的赞美新颖动听，就需要你细心观察对方，深刻了解对方，发掘他不易为人发现的优点，并把这种优点恰当地描述出来。

法国前总统戴高乐在1960年访问美国时，在一次尼克松为他举行的宴会上，尼克松夫人费了很大的心思布置了一个鲜花展台，在一张马蹄形的桌子中央，用鲜艳夺目的热带鲜花衬托了一个精致的喷泉。

戴高乐将军一眼就看出这是主人为欢迎他而精心制作的，不禁赞不绝口："女主人真是用心，一定花了很多时间来进行这么漂亮、雅致的计划与布置。"尼克松夫人听后，喜悦之情溢于言表。

也许在其他人看来，尼克松夫人布置的鲜花展台不过是她作为一位副总统夫人的分内之事，没什么值得赞美的，但戴高乐将军却能领悟到她的苦心，并因此向夫人表示了特别的肯定与感谢，从而也使尼克松夫人异常高兴。

称赞一个人时，与其称赞她最大的优点，不如发现她最不显眼，甚至连她自己也未曾发现的优点。因为她最大的优点已成为她性格中的一部分，在任何人看来都已是不足为奇的了。如果经常称赞一个人这样的优点，可能会让这个人产生反感；而那些小小的优点，因为从未或很少有人发现，因此也就弥足珍贵。而你的发现与称赞为对方增添了一份对自己的认识，也增加了一次重新评估自己价值的机会。同时，你不同凡响的观察力还会获得对方的器重。

抓住一个人的独特之处来进行赞美，最能赢取人心。在每个人的生命历程里，或多或少都会发生一些重要的事情，其中不乏自己引以为荣的事情。对这些引以为荣的事情，每个人都渴望得到别人较高的评价，如果能够得到别人衷心的肯定和赞美，更是让人高兴和自豪的事。所以，家长可以引导孩子在这方面多下功夫，进行有效的赞美。

以诚待人，真诚比黄金还贵重

何谓真诚？真诚就是一个人发自内心的真实和诚恳，是一种率真自然、真实不虚的流露。真诚的言语和行动最具有感染力，一个真诚的微笑，可以建立最深刻的印象；一句真诚的问候，可以温暖最疲倦的身心；一句真诚的道歉，可以化解最坚固的矛盾；一次真诚的交流，可以达成最圆满的协议……真诚具有最强大的力量。如果一个人拥有了真诚的品质，他就会交很多的知心朋友，他的路也会越走越宽。

真诚是人际交往中最有价值也是最重要的原则，以诚待人是社会交往得以延续和深化的保证。美国一位心理学家曾列出555个描写人品的形容词，让学生说出最喜欢哪些、最不喜欢哪些，结果学生评价最高的品质是：真诚、诚实、忠诚、真实、信赖和可靠。而评价最低的品质中，虚伪居首位。古人说："以诚感人者，人亦诚而应。"在交往中，只有彼此抱着心诚意善的动机和态度，才能相互理解、接纳、信任，才能在感情上引起共鸣，使交往关系得到巩固和发展。

曾经有一个年轻的小伙子，他与年迈的父亲一同住在海边。性格孤僻的他，很少与同龄人一同玩耍，因此，他天天坐在海边与海鸥一同嬉戏。

久而久之，他与海鸥之间形成了一种默契，只要他站在海边，吹一声口哨，就会出现成百上千的海鸥降落在他的周围。他跑，海鸥盘旋在他的上空；他坐，海鸥落在他的肩上；他躺在沙滩上，海鸥就在他的身上憩息。远远望去形成了一道美丽的风景，人人见了无不称奇。

后来，有人对他父亲说："你儿子与海鸥的关系如此亲密，就拜托他捉几只回来玩玩。"父亲也觉得新鲜，就对他说："乡亲们听说你经常与海鸥一起嬉戏，关系甚是友好，给我也捉一只来吧，我也想体验一下那滋味。"小伙子点头答应了父亲的请求。

第二天，他与往日一样，刚到海边，就吹起了一声长长的口哨，一群海鸥马上就出现在他的上空。可是，奇怪的事情发生了，无论他多么努力吹口哨，海鸥仍然盘旋在他的上空，就是不肯与他接近。小伙子深深地埋下了头。

可见，做人要真诚。离开了真诚，则无友谊可言。一个真诚的心声，才能唤起一大群真诚人的共鸣。只有真诚对待对方，才能赢得对方的信赖。

真诚是人与人之间沟通的桥梁，只有以诚相待，才能使交往双方建立信任感，并结成深厚的友谊。那些取得巨大成功的人都有许多共同的特点，其中之一就是为人真诚。如果你是一个真诚的人，人们就会了解你、相信你，不论在什么情况下，人们都知道你不会掩饰、不会推脱，都知道你说的是实话，都乐于同你接近，因此也就容易获得好人缘。

11岁的周丽转学了。她在新学校上了没几天课，就嚷嚷着不想去了。妈妈问她原因，她很不耐烦地说："我的同桌长得不好看；小组长总是找茬，说我值日做得不好、作业也交得晚；老师也对我不友好……学校里所有的人我都看不顺眼，这样的学校让我怎么待呢？"

妈妈说："这似乎并不是大家的错，我觉得是你不够真诚。你想，若是你总觉得大家不喜欢你，那么你自然也就不喜欢大家，你当然会觉得上学很没意思了。我建议你真诚去对待所有的人，我相信你一定能做到。那时，你就会看见奇迹。"

周丽听了妈妈的话，尽管半信半疑，但她还是按照妈妈说的去做了——不再和同学斤斤计较，善于发现他人的优点，每天笑对所有的人。一段时间过后，周丽再也没说过不去上学的话，她正和她的朋友们玩得开心呢……

从周丽的故事可以看出来，真诚是一剂良药，能缓解人与人之间的紧张空气。如果双方都能表现出真诚来，那么人际关系就会变得和谐。

真诚是与人交往的根本。英国诗人乔叟曾说过："真诚才是人生最高的美德。"真诚是做人的基本品质，是人们相互信赖和友好交往的基石。每个人都喜欢同真诚的人打交道，与真诚的人交往。因为这样可使双方有安全感，不必心存疑虑。

著名教育家陶行知指出："千教万教，教人求真；千学万学，学做真人。"如果孩子从小具备了真诚的本性，时刻以真诚的心对待朋友，他就会获得最宝贵的友谊，拥有良好的人际关系。

那么，父母该如何教孩子学会真诚待人呢？

1.教孩子真诚地与人交往

真诚是对人对事的一种实事求是的态度，是待人真心真意的友善表现，它体现在任何一个言行举止中。真诚表现为对人不说谎、不虚伪、不骗人、不侮辱人，所谓"骗人一次，终身无友"。父母培养孩子的真诚之心，应该从言行举止开始，这是孩子人际交往的第一步。孩子从小如果没有养成对人真诚礼敬的态度，长大做什么事都会困难重重。

有一次，一群朋友聚会，吃饭的时候，大家交换名片，其中有一位来自某报社，另一位试图对其进行称赞，一看是报社的，便稀里糊涂地说："哇，您是有名的大作家！"人家问："我怎么有名？"他说："我每次都看见你写的文章。"人家说："我的文章都在哪里？"他说："每次都是头版头条啊！"然后人家告诉他："真的吗？我是专门写讣告的。"讣告能在头版头条吗？显然是虚假的赞扬引起了别人的反感。但是这位先生仍然没有意识到自己的错误，看到旁边有一位小姐，聊了没几句，本来这位小姐长得很胖，他说："小姐，您真苗条！"小姐说："什么，说我苗条，我知道你是在骂我。"

打动人最好的方式就是真诚。如果一个人说话虚情假意，溜须拍马，或者会被认为怀有某种不良目的，就会让人觉得讨厌，不愿与其交往。因此，我们应该教育孩子为人真诚，真诚地与别人交往，说实话、办实事、做老实人，对朋友不可虚情假意，也不可口是心非，切忌对朋友使小心眼、耍小聪明。

2..为孩子做出榜样

一个人是否具有真诚的品质，取决于儿童时期的家庭教育，关键是家长的言传身教，家长的榜样作用。父母如果待人真诚、表里如一，孩子也就学会了真诚；相反，孩子就会学到虚伪、造作。

一个母亲经常在家数落邻居，在孩子面前也毫不忌讳，嫌弃邻居不讲卫生、噪音很大等，总之一副很讨厌对方的样子。结果有一天，门铃响了，打开门一看，原来是那位"令人讨厌"的邻居。

此时，这位母亲并没有流露出不满的神情，当对方说："大姐，你们家有没有电啊？我家停电，不知道是楼区的原因还是我家的问题。"

这位母亲很热情地说："啊呀，我们家有电啊，你们是不是跳闸了？"

"行，谢谢啦！我再回去看看！"

"不用谢，需要帮忙就说话啊！"

当母亲把门关上时，脸上又露出了反感的表情，还说了一句："讨厌！"

此时，上初中的孩子说："妈，您对人家不是挺热情的吗？没看出来您讨厌人家啊？"

母亲无语。

显然，这位母亲待人的态度是不真诚的，当面一套，背后一套，搞得孩子都觉得莫名其妙。在孩子成长的过程中，家长是最早的模仿对象，家长言行举止的真诚程度，极大地影响着孩子真诚品质的产生、发展，直到形成习惯。所以，如果你希望自己的孩子成为一个真诚的人，就要以身作则，言行一致，自己首先做一个真诚的人。

理解对方的想法，学会换位思考

汽车大王福特曾这样说过："成功假如有什么秘密的话，就是设身处地为别人着想，了解别人的态度和观点。因为这样不仅能得到你与对方的沟通和理解，而且可以更清楚地了解对方的思维轨迹，从而有的放矢，击中要害，成为成功者。"这句话的中心意思就是要学会换位思考。

所谓换位思考，就是更好地理解他人，设身处地地为他人着想。一个善于为他人着想的人，他的身边会聚集很多的人，人们都愿意与他交往，都希望成为他的朋友，他的人生也会因此变得更加绚丽多彩，越走越顺畅。

有一个农民在田间劳动，感到非常辛苦，尤其是在炎热的夏天，更是感到苦不堪言。他每天去田里劳动时都要经过一座庙，经常看到一个和尚坐在一株大树树荫下悠然地摇着芭蕉扇纳凉，很羡慕这个和尚的舒服生活。于是他告诉妻子，自己想到庙里做和尚。妻子没有强烈反对，只说："出家做和尚是一件大事，去了就不会回来了。我明天开始和你一起到田间劳动，及早把当前重要的农活做完了，可以让你早些到庙里去。"从此，两人早上同出，晚上同归，中午妻子提早回家做了饭菜送过来，在庙前的树荫下两人同吃。时间过得很快，田里的主要农活完成了，择了吉日，妻子亲自送他到庙里，并说明了来意。庙里的和尚听了非常诧异，说："我看你俩，早同出，晚同归，中午饭菜同吃。家事，有商有量；讲话，有说有笑，恩恩爱爱。看到你们生活得这样幸福，羡慕得我已经下决心还俗了，你反而来做和尚？"结果，这个农民放弃了出家的念头。

在这个事例中，听丈夫想去做和尚的想法，妻子没有立即表示反对，而是站在了丈夫的角度上思考了问题，知道丈夫是想要一种舒服的生活，于是她决定用自己的行动感动丈夫，最后把和尚都感动了。丈夫骤然明白了自己的生活才是最幸福的，放弃了出家的决定。

在人际交往中，如果我们换一个角度看问题，站在对方的立场上，就会产生一种奇妙的效果，这样会给对方一种尊重感、归宿感，使对方缩短与你的心理距离，达到一种心理沟通。古德在他的《点石金》一书中说："停下一分钟，将你对他人的冷漠与自己的热心做一个比较。你会发现，人和人是如此的相似！知道了这一点，你就可以和林肯、罗福斯一样，牢牢抓住人际交往中唯一的原则。换句话说，想要在处理人际关系上游刃有余，你需要站在他人的立场上去考虑问题。"

换位思考是人与人友好交往不可或缺的因素之一。遗憾的是，现在的孩子很多长辈宠着惯着，养成了自私自利的毛病，什么事情首先想到的是自己，怕自己的利益受到损失，很少顾及他人的利益和想法，不懂得站在对方的角度去为他人着想。这样一来，就很容易与他人产生矛盾，结下怨恨，对孩子各个方面的成长都有很大的不利。

上完晚自习回到宿舍里，张同学给家里打电话，时间打得比较长，其他三位同学也想给家里打电话，看到张同学那慢条斯理的样子，他们有点不高兴。而张同学在电话里谈得很起劲，好像忘了周围有人等着打电话，过了好长一段时间，张同学终于打完电话了。这时王同学开始给家里打电话，他说着说着就忘了后面的两位同学，他还没说完呢，宿舍的灯就熄灭了，后面的两位同学纷纷指责王同学，而王又指责张同学，张同学不服气，四个人吵了起来。

在这个事件中，很显然，张、王两位同学都是在自己的立场考虑问题的，他们心里只考虑到自己的需要，而没有为别人考虑。以王同学为例，张同学在打电话时他很着急，他抱怨张同学不考虑别人，而当他开始打电话时，他又只顾自己，不为后面的同学考虑，如果稍微为别人着想的话，就不会出现这样的矛盾了。

很多人在处理问题和与人交往的时候，总是立足于自我的立场，考虑更多的是利益和需要，却总是很少关心他人的需要，更别说是从别人的立场来看问题了。这样就造成了人际沟通中的理解发生障碍和阻塞。如果想要孩子学会很好地与他人相处，其实很简单，父母只要教会孩子换个角度去思考问题，站在他人的角度，多为他人想一想，也许很多事情就会有很大转机，就会有不一样的结局。

孔子说过："己所不欲，勿施于人"，意思是说：不要把自己不喜欢的事情强加给别人，而是要设身处地地为别人着想，也就是要多为别人着想。所以，家长要教育孩子学会为他人着想，关心他人，这样才能最大限度地减少人与人之间的矛盾冲突，使每个人都能生活在关爱与幸福之中，真切地感受到大家庭的温暖。

1.教孩子体验别人的感受

有一次，小鹏和小伙伴们一起在外边玩。路边有一个盲人一边拉手风琴一边唱歌。他的面前摆着一个帽子，路过的人们觉得他唱的歌好听，就往他的帽子里扔一些钱。

孩子们围着这个盲人，觉着很好奇，纷纷叫嚷："瞎子，瞎子，快来看瞎子唱歌。"

小鹏也跟着喊。

看到这一幕，小鹏的爸爸很生气，把小鹏叫了回来，狠狠批评了一顿。

小鹏低着头，心里想："他们都在喊，为什么我不能喊？"

爸爸看出他的心思，想起小鹏前些天因为牙齿掉了，装了一颗假牙，就语重心长地说："今天你围着一个盲人嘲笑他的眼睛瞎了，如果哪天有人知道你有一颗假牙，对着你喊'豁牙子，豁牙子'，你会怎么想？"

小鹏听了，脸一下就红了。

爸爸拍了拍小鹏的脑门，轻轻地说："知道错了就好，在生活中，我们每做一件事情，都要多想想别人的感受，不能随便嘲笑、挖苦别人，那是非常不好的。"

小鹏懂事地点了点头！

在以后的生活中，爸爸总是这样教育小鹏，让他多体会别人的感受。小鹏也渐渐变成了一个懂事、善解人意的孩子。

事实表明，孩子只有学会体会他人的感受，才会理解别人的想法和行为，才会对别人的痛苦感同身受。所以，当孩子的言行可能伤害到别人，给别人带来烦恼的时候，家长可以抓住这个教育契机，告诉孩子注意自己的言行，因为如果自己有同样的遭遇，也一样会难受、会不高兴。这样就会培养孩子照顾别人感受的自觉性，同时也会让孩子学会换位思考，从而懂得体谅别人、尊重别人。

2.父母要懂得换位思考

在日常生活中，孩子受父母的影响最大，父母是孩子的一面镜子，只有父母首先做好了，懂得换位思考，时刻都想着他人，做事、说话都站在对方的处境中来思考问题，那孩子还会是那种自私自利、时刻想着自己的人吗？所以，父母首先要懂得换位思考。

一天，菁菁的妈妈下班回来后非常生气地说："这个小刘真是岂有此理！今天公司查账，发现了一个问题，原来她把前面的一个数据弄错了。害得我也跟着错了，结果我们两个一起受到单位的通报处罚，罚了我一个月的奖金呢。"

菁菁虽然不明白是怎么回事，但从妈妈的表情上，她知道妈妈受了委屈，不禁也暗暗埋怨起妈妈口中的小刘，还小声嘟囔道："我再也不到刘阿姨家玩了。"

小凤的爸爸看到这种情况，坐在妈妈的身边安慰道："你先消消气，小刘罚了多少？"

"两个月的奖金。"

"看来小刘比你惨多了。小刘比你工作时间短吧？"

"是啊，她来单位才半年，我干了三年多了。"

"那你是她的'前辈'，是领导喽。"

"对，我一直带着她干。"此时，妈妈脸上露出一丝得意。

"那么，小刘犯一点错误也是应该理解的，谁不会犯错呢？况且她损失了两个月的奖金，心里更不好受。你作为她的领导应该替她着想，虽然主要责任在她，但你这个领导也是监督不力啊。"爸爸小心地说。

妈妈沉默了一会儿说："也对呀！下班的时候，我看小刘都哭了，我得给她打个电话。"

在电话里，妈妈安慰了小刘很长时间。放下电话，妈妈高兴了很多。

这一幕菁菁都看在了眼里，等妈妈打完电话，她不禁关心地问妈妈："妈妈，刘阿姨还伤心吗？"

俗话说：言传身教，榜样的力量是无穷的，也是最有效的。如果父母自己不会设身处地地为他人着想，那么孩子的同理心是无法建立的。作为家长，如果希望你的孩子懂得换位思考，替他人着想，就应该给孩子营造一个换位思考的环境，孩子就能从中受到启发与感染。所以，要让孩子学会换位思考，首先父母要懂得换位思考。

尊重他人，你才能获得更多朋友

交往艺术的核心在于对别人表示尊重。古人云："尊人者，人尊之"，只有尊重自己的交往对象，交往对象也才会尊重你自己。在互相尊重的氛围下，交往才能顺利进行。所以，人与人之间的交往，都应建立在真诚与尊重的基础上。

在一次巡回表演的过程中，卓别林通过朋友的介绍，认识了一个对他仰慕已久的观众。卓别林和对方很谈得来，很快就成了关系不错的朋友。

在表演结束之后，这个新朋友请卓别林到家里做客。在用餐前，这个身为棒球迷的朋友带着卓别林观看了自己收藏的各种各样和棒球有关的收藏片，并且和卓别林兴致勃勃地谈起了心爱的棒球比赛。

朋友对棒球爱到了痴迷的境界，一旦打开话匣子之后就收不住了，滔滔不绝地和卓别林谈起了棒球运动。从对方谈起棒球开始，卓别林的话就少了很多，大多数的时候都是朋友在讲，他则微笑注视着对方并认真地听着。

朋友说到高兴的地方，两只手兴奋异常地比画了起来，他说起自己亲自体验到的一场精彩比赛时，仿佛已经置身于万人瞩目激动人心的棒球场上了，完全沉浸在了对那场比赛的回味之中。卓别林仍旧微笑着看着对方，偶尔插上几句，让朋友更详细地介绍当时的场景。朋友越说越兴奋，只是对一直没能得到那场比赛里明星人物的签名有些沮丧。不过，这种沮丧的情绪很快就被他对那场比赛的兴奋所冲淡了。

那天中午，沉浸在兴奋之中的朋友说得兴起，差点把午饭都忘记了，直到他夫人嗔怪着让他快点带客人来吃饭的时候，他才不好意思地笑着拉起卓别林来到了餐桌前。那天的午餐，大家的兴致都非常高，尤其是卓别林和这位新认识不久的朋友，彼此之间相谈甚欢。

在当地的演出结束之后，这位新朋友非常舍不得卓别林，一直将他送出了很远，才恋恋不舍地道别。

不久之后，这次巡回演出也告一段落。回到家里，卓别林通过各种关系费尽周折找到了朋友说起的那个棒球明星，请他在一个棒球帽上签了名之后，卓别林亲自把这个棒球帽寄给了远方那个对棒球极度痴迷的朋友。

卓别林的举动让他身边的人非常不解，因为大家都知道，喜欢安静的卓别林对棒球从来就没什么兴趣，他们简直就无法想象一个对棒球丝毫不感兴趣的人只是为了朋友的一句话，就费了这么大的精力去要一个签名。尤其是当大家知道了对棒球一无所知的卓别林居然和朋友聊了大半天的棒球比赛，大家更加想不明白了——要知道，在那么长的时间里听朋友讲一个自己完全不感兴趣的事情，那种滋味儿可是非常难受的。

卓别林倒是很洒脱，他告诉身边的人："我是对棒球不感兴趣，可我的朋友对棒球感兴趣，只有尊重他人所尊重的事物，别人才能感受到自己被理解被尊敬，这是一切友谊的基础。"

后来，当朋友听到了卓别林这段话之后，拿着他送来的棒球帽，感慨良久。两个人的友谊整整延续了一生。很多年之后，已经白发苍苍的他说起这段往事仍旧慨叹不已："我今生能够成为卓别林的朋友，是我最大的荣幸。是他让我明白了什么叫作真正的尊重和真正的友谊。他的人格光芒，照亮了我的一生。"

尊重是人际交往的桥梁。哲学家威廉·詹姆士说过："潜藏在人们内心深处的最深层次的动力，是想被人承认、想受人尊重的欲望。"任何人都有自尊和被人尊重的需要，没有尊重的交往是不可能持续下去的。因此，尊重人应是我们基本的素养。如果一个人不能满足他人的这种最基本、最简单的需要，那么这个人自然不会得到他人的喜欢，也不会有人愿意与他相处。德国著名诗人席勒曾说过："不会尊重别人的人，别人也不会尊重他。"的确，只有尊敬别人，别人才会尊敬自己，互相尊敬才能互相受益。

周末的一天，妈妈对女儿说："小芳，一会爸爸的远房亲戚要来家里住两天，你可要懂礼貌啊。"小芳满口答应了。

过了一会，爸爸陪着一个青年人回来了。很显然，青年人一直在农村生活，来到城市有些手足无措。青年人刚走进来，小芳就喊道："你的鞋好脏啊，把地板都弄脏了，快换拖鞋。"青年的脸立刻就红了，脚都不知道该放哪了。妈妈走过来，对青年人笑笑说："没什么，快进来吧。"青年人执意要换鞋，妈妈给递了一双拖鞋说："换上拖鞋舒服些。"

等大家都坐好后，青年人从包里拿出一个包裹，层层打开后，是一件粉红色的毛衣，青年说，这是他母亲亲手给小芳织的。小芳刚想说不要，妈妈立刻将毛衣接过来，夸赞织得很漂亮，青年人本来还有些担心，听小芳的妈妈一说，脸上也露出了笑容。妈妈让小芳谢谢青年人，小芳极不情愿地道了谢。

聊了会，妈妈让爸爸陪着青年人，自己带小芳去买菜。走在路上，小芳对妈妈嘟囔着："他是从农村来的吧，好土啊，我们怎会有那样的亲戚呀，家里地板都被他踩脏了，粉红色多难看呀，现在谁还穿手织的毛衣呀，穿出去同学会笑话的。"

妈妈将小芳带到附近的公园，很严肃地对小芳说："妈妈平常教育你要尊重别人，你都忘了吗？他生活在农村，穿的是没有城市里的好，但不能说他就比别人低一等啊。他的爸爸当年还资助你爸爸上大学，你现在才能生活在城市里。毛衣是比不上买的漂亮，但是那是人家一针一针用心织出来的，钱能买来真心吗？地板脏了可以擦，你要学会尊重别人，尊重别人的劳动成果，别人才会尊重你，明白吗？"

小芳对妈妈承认了错误。回到家里，小芳很热情地招待着青年人，青年人也夸小芳像个大人。

尊重是人的高层次的心理需要。一个孩子如果生活在尊重之中，他就学会了自尊和尊重别人。"人不如己，尊重别人；己不如人，尊重自己。"无论身处何位，尊重别人与自我尊重一样重要。所以，与人交往，不论对方的地位高低、身份如何、相貌怎样，都要尊重他人的人格，使人感到他在你的心目中是受欢迎的，从而得到一种心理上的满足，进而产生愉悦。

尊重别人这种品德，并不是天生获得的，它是良好的教育的结果。生活中，不少孩子不懂得尊重别人，可能是没有学会尊重，也可能没有体验过被尊重，这是家庭教育的缺陷，所以，父母要从小培养孩子尊重他人的良好品德，只要认真培养，你的孩子也一定能学会尊重别人。

1.父母要尊重孩子

世界著名教育家池田大作说："尊重孩子的人格，孩子便学会尊重人。"尊重孩子要从关心孩子入手，只有受到尊重、关心、爱护的孩子才能尊重、关心、爱护周围的人。父母在与孩子交往中，要把孩子当人看，尊重他，不能任意摆布或训斥。在家庭教育中，家长应像尊重成人一样尊重孩子，把自己放在与孩子平等位置上，遇到问题换个角度去想想，寻求与孩子心理上的沟通。当孩子从父母的尊重、爱护中找到自信、自身价值的时候，他们自然而然地就能学会尊重父母、尊重他人。

2.引导孩子尊重他人

王女士的女儿叫丽丽，是个很懂事的小姑娘。

有一次，王女士出去办事，刚好看到丽丽和几个小朋友在一起嘀咕什么，仔细一听，大孩子说："丽丽，看见那边那个工人了吗？鞋子烂烂的，衣服脏脏的，你拿着水枪到他的后面，然后把水射到他的头发上去。"比大孩子小一点的孩子接着说："快去！一会给你一样好东西！"

丽丽虽然是三个孩子中最小的一个，但她却理直气壮地对他们说："不！我不会去干那种事情的！妈妈说过，每一个人都拥有人格，拥有尊严。我们不能侮辱他人的人格和尊严！"听了丽丽的话，王女士觉得十分欣慰，认为这是一个教育孩子尊重他人的好机会。于是，她走过去和她一起与他们评理："是呀！丽丽说得对。人人都拥有人格和尊严，我们不能侮辱他人的人格和尊严。如果有一天，别人反过来侮辱你，那你们的心情又是怎样的呢？是不是感到羞耻呢？"那几个孩子听了，都惭愧地低下了头，说道："我们知错了！"

上例中的妈妈教育孩子尊重他人是值得家长学习的。

生活中，我们常会看到这样的现象：不少孩子喜欢叫别人的外号，见到别人陷入困境会加以嘲笑，看到别人倒霉会幸灾乐祸。孩子这样做，有时是因为想看热闹、好奇，有时是想开个玩笑，有时则只是盲目地跟着别的孩子做。他们并没有理解这样做是不尊重别人，没有意识到他们这样做会伤害别人的心。

当出现这种情况时，家长要平静地与孩子谈谈，然后有针对性地指出孩子这样做的坏处。父母要让孩子设身处地地体会到不受别人尊重时的感觉，要让孩子知道，有教养的孩子应该同情别人、帮助别人、尊重别人。尊重别人的人才会受到尊重，尊重别人就是尊重自己。

3.做孩子的榜样

家庭环境对一个孩子的成长尤为重要。在没有互相尊重的家庭环境里长大的孩子，也很难学会尊重别人。当夫妻之间经常出现不尊重的言语和行为，孩子就会耳濡目染，受到很大的影响。

曾经有一个男孩，满口脏话，经常欺负女生，甚至对女老师也不恭，他的母亲也多次来校向老师哭诉，这孩子如何对她无礼。虽经老师教育，但收效甚微。看他的样子，瘦瘦弱弱，并不是那种天生一副野蛮相的孩子。原因究竟在哪里？直到有一天老师去家访才恍然明白。那天开门迎接老师的是他的父亲，老师便随口问了声孩子的母亲在哪里，他的父亲则轻蔑地说：还瘫在床上呢，死猪婆！父亲如此当着孩子的面且不顾有外人在场侮辱自己的妻子，怎么可能在孩子心中树起母亲崇高神圣的形象呢？孩子又怎么能很好地去尊重他周围的女性呢？老师愤怒至极，当着孩子的面批评了他的父亲，这位父亲也意识到自己的行为对孩子的不利影响，感到惭愧和后悔，向妻子道歉，后来学会了尊重妻子。这个孩子的毛病也慢慢改掉了。

英国著名教育家斯宾塞说过："野蛮产生野蛮，仁爱产生仁爱。"父母本身的态度，对孩子的影响十分重要。生活中，父母与他人交往中的行为、态度和方法，或多或少会渗透到孩子的言行中去。父母身体力行地尊重别人，替别人设想，孩子看在眼里，自然会学习，例如在家庭中，父母对自己的长辈是否尊重，是否孝敬；对长辈是否使用尊称；与人谈话时，是否放下手中的活，微笑地注视着对方，认真聆听对方说话而不随意打断别人的发言；是否背后议论别人的短处或给人起绰号；等等。如果父母时时注意，处处做表率，这种无声的教育就会影响孩子养成尊重他人的好习惯。

当他人有困难时，尽全力提供帮助

有句话说得好："幸福并不取决于财富、权力和容貌，而是取决于你和周围人的相处。"你想交到更多的朋友吗？那么就从帮助他人开始吧！

维也纳一位著名的心理学家阿尔弗雷德·阿得勒，写过一本书，名叫《生活对你的意义》。在那本书里，他说："一个不关心别人，对别人不感兴趣的人，他的生活必然遭受重大的阻碍和困难，同时会给别人带来极大的损害与困扰。所有人类的失败，都是由于这些人才发生的。"的确，一个只想着自己，对他人缺少关心的人，就会缺少吸引朋友的磁力，这样的人将会失掉生活中的很多乐趣。如果你想让孩子成为一个受人欢迎的人，那就要让孩子学会乐于助人。

人的本质是爱的相互存在，人的生活是与他人的相互交往构成的。乐于助人，就是要求人们善于理解他人的处境、他人的情感和需要随时准备从道义上去支持别人，从行动上去关心帮助别人。一个懂得帮助他人的人，才能得到更多人的帮助，才会有更多的朋友，才能获得更多的机会，也才能取得更多的成功，因此，父母要积极培养孩子帮助他人的好品格，鼓励、尊重孩子去帮助他人。

靖江的范鑫同学14岁那年曾荣获省"十佳春蕾女童"荣誉称号。范鑫家住江苏省靖江市靖城镇宜家村，是该市越江小学六年（2）班的班长，并是学校少先队副大队长。范鑫6岁时，她的母亲不辞而别，从此，懂事的她便跟着父亲和年迈的奶奶一起生活，三口人靠父亲农闲打工和耕种家中的一亩田维持生活，经济拮据，平时做饭都舍不得用液化气。范鑫放学后经常帮奶奶到田间拾树枝和麦秆做柴草。班主任马老师介绍说，范鑫为补贴家用，经常利用休息日，提着垃圾袋拣废弃的塑料瓶和废纸卖钱。但她勤奋刻苦，成绩一直很好，年年被评为优秀学生。

与范鑫同班的小彬家住农村，父母离异后产生厌学情绪。范鑫知道后，便主动找小彬聊天，帮他恢复信心。2007年10月，小彬因父亲生病住院生活失去了着落，常常没有午饭吃。范鑫每天中午都将从家里带到学校的饭菜匀出一份，用饭盒装好后送到小彬家，帮助小彬度过了那一段困难时期。有一次，驻靖江某部队的士兵到学校看望3名长期结对帮扶的对象，范鑫便是其中之一。慰问士兵刚刚离开，范鑫就将一大袋慰问品分成两份，把其中一份送给了小彬。

每逢开学，学校都要组织向外来民工子女"献爱心"的活动。每次范鑫都捐钱给需要帮助的学生，尽管不多，但都是她从原本很拮据的生活费中省下来的。在江苏省"十佳春蕾女童"表彰大会上，范鑫获得了省妇联奖励的200元奖金，在回校后学校组织的赈灾募捐活动中，范鑫将200元钱全部捐给了地震灾区的小伙伴们。

美国著名成功学家戴尔·卡耐基在他的《关爱人》一书中写道："时时真诚地去关心别人，你在两个月内所交到的朋友，远比只想别人来关心他的人，在两年内所交的朋友还多。"具有助人意识的孩子懂得在他人需要帮助的时候伸出援手，他们因此更容易获得好人缘。在他人需要的时候伸出援手，是雪中送炭的表现，这样最容易打动人心，让人感动。

社会交往程度越密切，越是离不开相互帮助。对孩子来说，从小在他们心灵中播下关心他人、助人为乐的种子，是发展孩子的健康心理，培养良好人际关系的重要基础。一个乐于助人的孩子，能够不断收获到他人的支持、帮助。

但遗憾的是，现在的很多孩子在家里都是处于一种随时被照顾的地位，这就减少了他们去关心、照顾别人的机会，有的甚至看起来很少想到别人，除非是他们需要别人帮助的时候，这一切看起来是自然而然地就形成了，可是，这些却非常不利于孩子的成长，不利于孩子形成优良的品格，不利于孩子长大后进入社会和人相处，它甚至会妨碍到孩子的学习以及事业上的成功。所以，父母一定要培养孩子乐于助人的好习惯，因为这不只是帮助别人，同时也是在帮助你的孩子形成健全的性格。

有一次，王鼎和陈涛在走廊上玩，班里有个女生也在不远处玩，突然那个女生不小心摔了一跤。王鼎认为她摔得不重，所以没当回事，继续和陈涛玩。但是陈涛心细，他发现那位女同学坐在地上半天没起来，马上主动过去把她扶起来，并把她背到学校的医务室……

整个过程下来，就花十来分钟，但陈涛给那位女生留下了非常好的印象，后来他们成了亲密无间的朋友。

给他人力所能及的帮助，是一种美德，也能从中收获到快乐。当别人遇到困难的时候，在自己能力范围内，主动去帮助别人，这个过程既可以让孩子之间建立良好的友谊，又可以让孩子体会到成就感，让孩子成为受欢迎的人，这将大大鼓励孩子的信心，更乐意去与人交往。因此，培养孩子乐于助人的精神是家庭教育中的一个重要课题。

1. 引导孩子帮助他人

一天放学后，田亮和许刚在一起做作业。一会儿，许刚被一道题难住了，他想了半天，也没想明白。这时，田亮已经做出了那道题，他看出了许刚的心思：想让自己给他讲解，但又不好意思开口。

晚上吃饭的时候，田亮得意地说："爸爸妈妈，许刚今天有道题不会做，但我会，哈哈哈！"

妈妈笑着问他："真不错，但是你有没有告诉许刚你是怎么做的呢？"

田亮说："没有，他没有问我。"

妈妈说："那你有没有主动问他需不需要帮助呢？

田亮疑惑地说："没有。我为什么要问他呢？就算帮他也没有好处啊。"

这时爸爸开口了，他认真地说："儿子，你这样想可不对哟！你主动告诉许刚你的解题思路，就是主动帮助他，而当你以后有不会的题时，他也会帮助你。这就叫帮人就是帮自己。"

在他人需要帮助的情况下，家长可以教孩子如何帮助别人解决困难，孩子会通过实际活动和父母的思想启发去认识问题，逐渐养成关心他人、帮助他人的好习惯。

2. 给孩子提供关心他人的机会

主动关心他人并不是无端地就自己形成的，有时候需要家长提供一些机会来让孩子散发出爱心的光芒。例如，通过捐款活动、当志愿者等，让孩子们通过帮助他人，明白到互助是表现爱心的一种方式……这些不同的形式都为培养孩子关心他人提供了教育的机会。

　　春节期间，某市有很多志愿者家长带着孩子来到一个村子，给服刑人员的孩子送去了礼物和爱心。有家长去之前就给孩子说："那里的孩子更需要关怀和帮助，我们一定要给他们带去我们的礼物和新年诚挚的祝福。"

　　正因为有这么多有爱心的人来关心这个村子里的孩子，村里充满了欢声笑语。很多志愿者带来的孩子都与村里的孩子们玩着游戏，丢沙包、跳绳、拔河，大家脸上都洋溢着快乐的笑容。村中孩子们的宿舍里，摆着志愿者为他们带来的各式各样的春节礼物。

　　"这些玩具我都玩不上了，可以送给那些比我还小的弟弟妹妹们。"有一位志愿者的孩子这样说，"春节前，我和爸爸妈妈通过收看电视节目了解到这个村里小朋友的情况后，知道许多像我一样大的孩子不能回家和父母一起过年，便想在春节期间来看望这些小朋友，于是找出一些自己的玩具以及用不着的文具，准备送给他们当春节礼物。"

　　"相比之下，带孩子出去玩和来这里，我认为还是后者更有意义。"一位志愿者家长说。负责接待志愿者的老师也说："这几天放弃假期休闲的机会，到这个村子做志愿者或来献爱心的人有很多。很多都是一家三口一起来的，给孩子们送来不少生活用品和小礼物。我想，通过这种活动，这些志愿者也给孩子上了一堂生动的爱心教育课！"

　　生活中，家长要给孩子提供一些关心他人的机会和条件，只有落实到具体的事情和人身上，孩子才能得到及时的反馈，感觉到快乐和幸福。父母在创造孩子表达关心他人的机会和条件时，对孩子的助人行为和同情心等表现，应该给予及时的鼓励，使他们感到无限的快乐。

3.表扬孩子的行为

当孩子帮助别人之后，我们要主动和孩子谈论他的感受，了解孩子从中学到了什么，并对孩子出色的表现给予肯定。

有一个下雨天，爸爸去接儿子放学，碰见一个小同学没打雨伞，在雨中淋着。于是爸爸对儿子说："你看，这个同学没带雨伞，如果是你，此时你最希望怎样？"儿子想了想二话没说跑过去，和这个小同学一起打雨伞往前走去。过了一会儿，这个同学的妈妈来接他。看到孩子没淋在雨中，非常感谢地和男孩打招呼："你们是一个班的吗？"她的孩子满含感激地抢先回答说："不是，我们不认识。"她的妈妈对男孩说："谢谢你！小朋友。"同时，对乐于助人的父子俩报以感激的一笑！回家后，爸爸问孩子："今天做了件好事，感觉如何？"儿子用稚嫩的语言说："我很快乐！我以后在别人需要帮助时，还要继续去做。"

对于孩子助人为乐的行为，父母应及时给予肯定、支持和鼓励。例如，扶残疾人或老人过马路，主动让座给需要的人，帮助生活困难的同学，等等，对孩子的这些行动，都要给予鼓励，使孩子把助人为乐、爱做好事的行动坚持下去。

投其所好，了解别人的兴趣爱好

人际交往中，怎样做才最能打动人心呢？最佳的方法莫过于记住别人的喜好。投其所好，谈论对方感兴趣的事物，他会认为我们是一个善解人意的人，从而对我们产生好感。

人际关系大师卡耐基在书中就写道："我们要对他人真诚地感兴趣，聆听对方的谈话，就对方的兴趣来谈论以及鼓励他人谈论他自己。"当我们对他人真诚地感兴趣的时候，自然而然就会去关注他的一举一动。那么他的每一个细节都有可能是我们与他交谈的切入点。

投其所好是人际交往的一个技巧。谈论对方感兴趣的话题，是为了与对方找到共同话题，为自己后来要说的话做铺垫。只要双方有话可谈，再不失时机地进行适当的赞美，对方就会对你产生好感。

杜维诺先生是纽约一家高级面包公司的总裁，他一直试着把面包卖给纽约的某家饭店。一连四年，他每天都要打电话给该饭店的经理。他也参加经理的社会聚会。他甚至还在该饭店订了个房间，住在那儿，以便成交这笔生意。但是他都失败了。

杜维诺先生说："在研究过这位饭店经理为人处世之后，我决定改变策略。我决定要找出那个人最感兴趣的是什么——他所热衷的是什么。

"我发现他是一个叫作'美国旅馆招待者'的旅馆人士组织的一员。他不只是该组织的一员，由于他热忱，还被选为主席以及'国际招待者'的主席。不论会议在什么地方举行，他一定会出席，即使他必须跋涉千山万水。

"因此，这次我见到他的时候，我开始谈论他的那个组织。我看到他的反应真令人吃惊。多么不同的反应！他跟我谈了半个小时，都是有关他的组织的，语调充满热忱。我可以轻易地看出来，那个组织是他的兴趣所在。在我离开他的办公室之前，他'卖'了他组织的一张会员证给我。

"虽然我一点也没提到面包的事，但是几天之后，他饭店的大厨师见到我的时候说，'但你真的把他说动了！'

"想想看吧！我缠了那个人四年——一心想得到他的生意——如果我不是最后用心去找出他的兴趣所在，了解到他喜欢谈的是什么话，那我至今仍然只能缠着他。"

一个人若想赢得他人的赞许，打动他人的心，最佳的方式是投其所好，即迎合他人的兴趣。

我们每一个人都喜欢别人对自己好，别人如果能迎合自己的兴趣爱好，那就会更加令我们喜欢。所以在与人交往之前，不妨多花些时间去了解他人的兴趣爱好，这样才能使他人感到高兴，使他人心甘情愿地同自己合作，并帮助自己。如果你不了解对方的兴趣点，只顾自说自话，根本就引不起他的兴致，这就起不到沟通的作用。

有一次，业务员王鹏出差去西安，任务是与当地一家公司签订销售电脑的合同。王鹏到了这家公司老总的办公室，看到书架上放了一整排房地产方面的书籍。王鹏开始并没有直接进入推销电脑的话题，而是跟老总闲聊了起来。

"李总，听您口音是西安本地人吧。西安真是个好地方，我一下飞机就喜欢上这儿了。"

李总面露微笑："是啊，我从小在这古城墙下长大的，大学毕业后又回到家乡创业，我恐怕一辈子也不会离开这里了。"

王鹏又说："毕竟是六朝古都，西安就是有一种低调的大气在里面，不用张扬，外人却都感觉得到。"

一番开场白说得李总频频点头。王鹏趁热打铁："李总，我看到您有好多房地产方面的书，您真是博学。"

"也没有，只是初步了解一下，西安的房地产也越来越发达了，我也有意涉足。"

"真是太巧了，我哥哥就是做房地产的，我跟您说说他们幕后的事情吧。"

就这样，王鹏与李总从房地产说到金融业，从基金股票聊到保险期货，甚至于人民币升值和美军在伊拉克的局势都聊得热火朝天。结果聊着聊着都时近中午了，老总突然想起了王鹏此行的目的，让王鹏介绍了所销售的电脑的情况，又看了合同，爽快地签了字。

最后李总对王鹏说："看你这个人的性格和谈吐，我就知道你们的产品肯定没错，如果这次合作愉快，我们二期办公室改造的电脑采购还交给你们公司，我下次就找你了。"

一次谈话，不仅谈成了生意，而且拓展了潜在的业务。推销员王鹏的成功之处就在于发现了领导的兴趣爱好，找到了与领导说话的共鸣点。在人际交往中，如果你想让对方喜欢你，原则上是要拿对方感兴趣之事当话题，让他感觉到自己的重要。在满足对方的自尊心之后，很多事情都迎刃而解了。所以，你一定要了解他人的兴趣点，必须把对方认为重要的事情摆在如同它对你一样重要的位置。你关心他的兴趣所在，这体现出你对他的了解和理解。

成年人的交往如此，孩子之间的交往也是一样的。比如说，你的孩子想和班上的某某成为好朋友，首先你的孩子应该去了解这个朋友，知道他喜欢什么。如果对方很喜欢NBA，那么你的孩子就要投其所好，在课间休息或午休一起吃饭时，经常谈论篮球，这样就可以促进两个人的交流和沟通。正所谓："酒逢知己千杯少，话不投机半句多。" 只要抓住了对方的兴趣，投其所好，不仅不会"半句多"，而且会千句万句也嫌少，越谈越投机，越谈越相好。所以说，与人沟通的诀窍就是：迎合对方的兴趣说话。每个人都有各自不同的兴趣与爱好，一旦你能找到其兴趣所在，并以此为突破口，那你的话就不愁说不到他的心坎上。

在生活中，无论大人和孩子都需要重视这一点，只有了解别人的兴趣爱好，然后才能与对方和谐相处，协作共赢。比如，你或者孩子想要与朋友圈里的每一个人都保持较好的关系，就需要你们花一些时间，花一些心思去了解朋友圈里面每个人的兴趣爱好。喜欢追星的人，可以跟他谈论明星。喜欢美食的人，你对他们做的美食多点赞，多评论，互相交流吃货经验，他们就会觉得你很关注他们，会对你心存好感。

总之，如果你教会了孩子花时间和心思去了解别人的兴趣爱好，那么你的孩子就会在交际中得心应手，有事半功倍之效。

1.教孩子如何找到对方的兴趣点

在人际交往中，如果孩子能用心了解与利用对方的兴趣爱好，就能缩短双方的距离，给对方留下好感。无论与谁交往，找出对方感兴趣的东西至关重要，因为维持双方交谈的主要因素就是浓厚的兴趣。如果孩子善于挖掘对方的兴趣点，找出双方都熟悉的东西，相信谈话必然会非常愉快！

那么，我们该如何教孩子找出对方的兴趣点呢？

其实，人和人之间总会有交集，关键是能否找出这个"焦点"。下面，我们就来看看怎么挖掘对方的兴趣。

仔细观察对方携带的物品。通常情况下，人们会携带自己中意的东西，比如：带MP3或者MP4的人通常喜欢听音乐；手机挂坠或者手机装饰也可能"出卖"他的本性；胳膊上有刺青、穿着比较非主流；等等。以这些外在的东西打开突破口，往往能取得较好的谈话效果。

在谈话过程中慢慢了解。谈话的过程中，一定少不了酒水、饮料、甜点、蔬果之类的东西助兴。你可以从他喜欢吃什么、喝什么或者吃东西的表情上判断并找出他的喜好。

向对方表露自己的喜好，制造兴趣点。找不出对方的兴趣点，还需要你去制造一些，一般而言，人们都会对关乎切身利益的东西感兴趣，关注他的身体或者事业也是不错的办法。当然，你也可以适当表露自己的喜好，然后问对方喜欢什么，由此打开"话匣子"。

找到对方的兴趣点，聊双方都熟悉的事，你和对方言谈甚欢，但不要忘了，千万要管住自己的嘴，不能瞎扯一些漫无边际的东西，以免引起对方反感！

2.了解孩子的爱好

作为父母，你关注过自己家孩子的爱好吗？

成功大师戴尔·卡耐基说："即使你喜欢吃香蕉、三明治，但是你不能用这些东西去钓鱼，因为鱼并不喜欢它们。你想钓到鱼，必须下鱼饵才行。"的确如此，如果真有人在钓鱼时将鱼钩上挂上自己爱吃的东西，我们一定会嘲笑他，我们一定会说：你要钓鱼，你起码得了解鱼爱吃什么。但现实中有很多父母与孩子沟通时，都做了这种傻事，一方面想教育好孩子，一方面却谈着自己认为正确的道理。有的家长说，我啥道理都给他说了，他就是不听；有的说，我都给他说一百遍了，他就是当耳旁风。我们有没有问过自己：我们了解孩子吗？我们了解孩子喜欢什么厌恶什么吗？孩子最想听的话是什么？我们不了解沟通的对象却用自己喜欢的道理在那里灌输，能有效果吗？孩子有问题一定是亲子关系出了问题；亲子关系出问题一定是亲子沟通出现了障碍；亲子沟通有障碍，家庭教育就一定受阻；家庭教育不畅，孩子的心灵之根就会漂浮；孩子的心灵无家可归，孩子的行为一定会出现偏差。因此，在家庭教育中父母必须紧紧抓住亲子沟通这一环。如何进行，其实沟通像钓鱼一样——投其所好。"先接纳、后升华"，只有接纳孩子的现状，走进孩子的心灵，我们的话孩子才能听进去，我们才能把孩子引导到我们认为正确的路上。

一位爸爸工作非常忙，经常出差，但是只要他在家，就会抽时间跟读三年级的女儿谈心，至少谈半个小时。他说女儿非常享受跟他在一起的"谈心时间"，晚上只要他在家，女儿会很快把手头的事情做完，跟他说："我的事情做完了，谈心可以开始了吗？"

这位爸爸说，他和女儿谈心的话题非常广泛，通常会互相交流最近发生在各自身边的事情。女儿最喜欢爸爸谈论出差的见闻趣事或者公司里的故事，爸爸甚至会讲公司里的财务报表以及如何炒股才能赚到钱。

这位爸爸说，刚开始跟女儿谈话时想帮助女儿提高学习成绩，因此总围绕女儿在学校的学习情况交流。一段时间后，他发现女儿并不愿意老谈学习。后来他就转换了话题，没想到女儿很开心。虽然并不去谈学习了，但在这样的"谈心时间"里，女儿会主动向爸爸请教学习上的问题，学习成绩也一直不错。

故事中的爸爸很智慧，他的沟通并没有放弃孩子的学习，而是改变了一种方式，从孩子心理出发，了解孩子在想什么，需要什么，找到孩子喜欢的话题，投其所好进行交流，不是一味地谈论学习，使得沟通取得最佳效果。

想要与孩子建立和谐的关系，投其所好是最好的方法。如果孩子喜欢足球赛事、球星，你不妨多与他聊足球、球星；如果他迷恋歌星，大家不妨一起来谈谈歌星；如果他到了高三，仍然迷恋电子游戏，你不妨和他一起玩玩电子游戏。你若不会，怎么办？这就更好：你就虚心请教，把他当老师。如果玩得开心，你不妨说："难怪你这么喜欢这玩意儿，真好玩！要是能够靠它赚钱谋生该有多好！"如果你老是失败，你不妨发点感慨："我怎么老是失败呢？"其实这就能够在与孩子接触和交谈中"有心安顿无心人"。

与孩子相处和沟通，"投其所好"不是根本目的，更不是无原则的迁就，而是要在"投其所好"的策略中达到"暗度陈仓"的目的。

有幽默感的孩子，人缘不会太差

常言道："笑是两个人之间最短的距离。"幽默可给人们带来欢笑，所以，幽默能拉近人际距离。幽默是心灵沟通的艺术，幽默所在便是欢乐所在，幽默所在便是融洽所在，幽默所在便是心与心的交点所在。

这世上还有什么比欢笑更能感染人的呢？只要你掌握了给人带来快乐的方法，你也就更容易获得人们的接受和肯定，成为一个社交场上有影响力的人。

"百万富翁的创造者"拿破仑·希尔曾经说过："如果你是个幽默的人，那么你就会轻而易举地去影响你周围的人，让他们永远喜欢你；如果你是个悲愤的人，即使你身边充满了欢乐的海洋，你也会看不到的。"

有人说，当你同别人一起笑的时候，感情也就和他人之间得到了交流。很多人之所以招人喜欢，让人愿意与其交往，不仅因为他是个极有才华的人，更主要的原因是由于他的幽默能够活跃气氛，给人留下深刻的印象和美好的回忆，使得彼此之间第一次交往就变成朋友之间友好的聚会。

在一次电视台主持人招聘面试中，考官问一位前来面试的女大学生："三纲五常中的'三纲'指什么？"

这名女学生颇为自信地顺口答道："臣为君纲，子为父纲，妻为夫纲。"

她刚好把三者关系颠倒了，引起了众多考官的窃笑。一个年长的考官善意地提醒她："说反了吧，放松些，不要太紧张。"

女学生镇定自若，不苟言笑："没反呀，我指的是现代社会新'三纲'，我们国家人民当家做主，人大代表的意见最重要，当然是'臣为君纲'；众所周知，计划生育造成了大量的'小皇帝'的产生，这不是'子为父纲'吗？现如今，'半边天'的权利逐渐升级，'妻管严''模范丈夫'在社会上广为流行，难道不是'妻为夫纲'吗？"

这位女学生机敏幽默的回答，征服了所有考官，使她顺利通过了面试。

幽默是人际交往中的吸铁石，可以将周围的人吸引到你身边来。

幽默之所以能提升个人魅力，其主要原因在于幽默能折射出一个人修养的深厚、智力的优越程度和豁达乐观的个性品格，使人具有特殊的和巨大的吸引人的力量。在人际关系中，你对别人"吸引力"的大小强弱正是个人魅力的体现。因此，一个富有幽默感的人，走到哪里都会散发出强大的吸引力和影响力。

喜剧艺术家卓别林与京剧艺术家梅兰芳很是投缘，两人一见如故，第二次见面时就有点老友重逢分外亲热的意味。略显沧桑的卓别林丝毫不见外地搂住梅兰芳的双肩，感慨道："记得六年前我们在洛杉矶见面时，大家的头发都是黑色的，你看，现在我的头发大半都已白了，而您呢，却还找不出一根白头发，这不是太不公道了吗？"他的话语中不乏幽默调侃，让梅兰芳一下消除了六年以来的生疏感，赶快安慰道："您比我辛苦，每一部影片都是自编、自导、自演、自己亲手制作，太费脑筋了。我希望您保重身体。"

幽默大师卓别林曾经说过："幽默是智慧的最高表现，具有幽默感的人最富有个人魅力，他不仅能与别人愉快相处，更重要的是拥有一个快乐的人生。"的确，幽默是沟通最好的清凉剂，培养幽默感有助于彼此的沟通。在通常情况下，真正精于沟通艺术的人，其实就是那些既善于引导话题，同时又善于使无意义的谈话转变得风趣幽默者。这种人在社交场上往往如鱼得水、左右逢源，可算是人际沟通中的幽默大师。

幽默并不是成人的专利，孩子也应当适度展现幽默的秉赋。但现实生活中，许多父母对孩子的幽默感并没有给予重视。他们认为，幽默是成年人的事，孩子有无幽默感是无所谓的。其实不然。现代医学研究表明：孩子因富有幽默感而经常开怀大笑时，不仅会增强肠胃功能，提高机体免疫力，而且会使孩子心胸开阔、富有朝气、思维活跃、头脑敏捷，帮助孩子更好地应对生活中的压力和痛苦，更开心地生活。

一个小孩子犯了一个小错误，妈妈生气地扬起巴掌："看我不把你的屁股打开花！"

孩子瞪着眼睛看着妈妈，突然哈哈大笑起来："真的吗？我的屁股会开出什么花？你快点打啊。"妈妈一愣，也忍不住笑了，和孩子乐得抱成一团。

"把屁股打开花"是一句很平常的俗语，孩子从中感受到了幽默，营造出了有趣、轻松的氛围，化解了妈妈的怒火，融洽了彼此之间的关系。这就是一个孩子用幽默解决生活烦恼的大智慧。

列宁说："幽默，是人的一种优美的品质。"生活中，孩子的幽默性格一旦形成，对其一生都将产生重要的影响。具有幽默感的孩子大多开朗活泼，往往更讨老师的喜欢，人际关系也比不具幽默感的孩子好得多。幽默还能帮助孩子更好地应对生活和学习中的压力和痛苦，因而幽默的孩子往往比较快活、聪明，能较轻松地完成学业，甚至拥有一个乐天、愉悦的人生。

乐乐的父母吵架了，妈妈伤心地在窗边掉眼泪。这时乐乐走到妈妈身边，说："妈妈还在伤心啊？"妈妈见儿子这么懂事，哭得更响了。乐乐拍着妈妈的肩膀说："好了好了，别哭了。你骂爸爸，比他骂你凶多了，也没见爸爸哭，人家还在客厅看电视呢！"妈妈抬起头，假装生气："臭孩子，别跟你爸一块来气我！"乐乐不紧不慢地说："好心没好报……你们女人啊，就是脆弱。我天天挨骂，也顶多哭一两声就没劲了……"儿子的话没说完，妈妈扑哧一声就笑了……

著名幽默家克瑞格·威尔森曾经说过："在我的成长过程中，幽默是生活中的七彩阳光，没有它，就没有我五彩缤纷的童年，也没有我充满欢声笑语、幸福无限的家庭。"孩子是最富有幽默天赋的，他们的幽默是最自然、最纯真、最坦率、最美好的人类语言。只是这种天赋需要细心的父母们用心去发现、体会，并激发孩子幽默的潜质。因此，父母要在点滴的生活中给予孩子幽默的熏陶，注重培养孩子的幽默感。教会孩子幽默，也就教会了他快乐的本领和与人相处的能力。

1.丰富孩子的语言

有丰富的词汇有助于表达幽默的想法。如果词汇贫乏，语言的表现能力太差，那也无法达到幽默的效果。生活中，父母可以多给孩子讲讲幽默故事、机智故事、脑筋急转弯等，训练孩子思维的敏捷性，提高孩子语言的丰富性。这对培养孩子幽默感大有裨益。

2.做有幽默感的父母

有一位母亲这样说道：

我是一个对生活充满激情的人，说话也很讲究幽默。所以，女儿在我的熏陶下也沾染了我的幽默气质，现在小小年纪就常常语惊四座，让人开心不已。

记得有一次，我下班回家，女儿高兴地对我说："妈妈，我长大了，要买一辆车。"我问她："你买什么车？"她说："我已想好了，我要买的那款车叫作'老师爱死你'。"我当时没回过神来，想了半天，我说什么叫"老师爱死你"啊？她说："妈妈啊，这是一款车的名字。"在她的提示下，我终于知道了，她说的是劳斯莱斯。

现在，看着那小天使一天天健康成长，我也觉得很宽慰。每天，我尽量让自己保持愉快的心情。因为我知道，我就是女儿的榜样，我的情绪也会影响她的情绪。我只希望她健康愉快地长大，保持她这种开朗阳光的性格。

孩子是父母生命的延续，是父母最真实的镜子，潜移默化中，父母的许多特点在孩子身上都得到再现。所以，要培养孩子的幽默感，为人父母者，首先要有幽默感。

3.多给孩子讲一些幽默故事

有位母亲常常给儿子讲一些有趣的故事。一天，丈夫因单位加班，夜里很晚才回来。丈夫问她儿子几点睡的，她说："晚上9点就睡了。睡前我给他讲了一个笑话：馒头和面条打仗，馒头被面条狠狠地打了一顿，打得遍体鳞伤。馒头心想，有朝一日，我一定要报仇。一天馒头看见方便面了，不分青红皂白地把方便面一顿痛打，方便面带着哭腔说：'我俩无冤无仇，你干吗要打我呀？'馒头气呼呼地说：'你以为你烫了发，我就不认识你了？'"

丈夫听到这儿，哈哈大笑，把儿子笑醒了。只见他穿着小内裤从他的房间跑来，爸爸说："臭小子，你以为你不穿外衣我就不认识你了？"儿子睁着睡意朦胧的眼睛，看着刚换好睡衣的爸爸说："您以为您换了睡衣我就不认识您了？"一句话把爸爸逗乐了。

事实确实如此，孩子听多了幽默故事，自然能够模仿、吸收幽默故事中的幽默因子，也会逐渐变得幽默起来。生活中，父母可以多给孩子讲讲幽默故事、机智故事、脑筋急转弯等，训练孩子思维的敏捷性，丰富儿童的词汇。家长可引导孩子编幽默故事，改编电影、电视剧的情节或添加令人捧腹的结局，以激发孩子的幽默感。

第五章
具备优秀的个人品质，
孩子会更受人欢迎

诚信为本，努力信守自己的承诺

诚信是人们在公共交往中最起码的道德规范，它既是一种道德品质，也是一种公共义务，还是一个人能在社会生活中安身立命之根本，是人之所以为人的最重要的品德。

俗语道："君子一言，驷马难追。"中国人自古就很重视"信义"，而且把是否守信当成衡量一个人人品的重要标志。如果一个人说话不算数、出尔反尔的话，将会被人看不起，在社会也很难立足。

18世纪英国的一位有钱的绅士在一天深夜走在回家的路上，被一个蓬头垢面衣衫褴褛的小男孩儿拦住了。"先生，请您买一包火柴吧。"小男孩儿说道。"我不买。"绅士回答说。说着绅士躲开男孩儿继续走。"先生，请您买一包吧，我今天还什么东西也没有吃呢。"小男孩儿追上来说。绅士看到躲不开男孩儿，便说："可是我没有零钱呀。""先生，您先拿上火柴，我去给您换零钱。"说完男孩儿拿着绅士给的一个英镑快步跑走了，绅士等了很久，男孩儿仍然没有回来，绅士无奈地回家了。

第二天，绅士正在自己的办公室工作，仆人说来了一个男孩儿要求面见绅士。于是男孩儿被叫了进来，这个男孩儿比卖火柴的男孩儿矮了一些，穿的更破烂。"先生，对不起了，我的哥哥让我给您把零钱送来了。""你的哥哥呢？"绅士道。"我的哥哥在换完零钱回来找你的路上被马车撞成重伤了，在家躺着呢。"绅士深深地被小男孩儿的诚信所感动。"走！我们去看看你的哥哥！"去了男孩儿的家一看，家里只有两个男孩的继母在照顾受重伤的男孩儿。一见绅士，男孩连忙说："对不起，我没有给您按时把零钱送回去，失信了！"绅士却被男孩的诚信深深打动了。当他了解到两个男孩的亲生父母双亡时，毅然决定把他们生活所需要的一切都承担起来。

诚信是做人处世之本。在与人交往的过程中，每个人都必须坚持诚实的原则，信守自己的诺言，只要答应别人的事，就要尽自己最大的努力去履行诺言。

无论在何处，诚信都是值得称赞的美德。自古以来，诚信就是人类社会活动的一个重要评价指标。诚者，信也。信者，诚也。诚信是做人的基本准则和最起码的道德修养，为人以诚，待人以信，不但是人内在品质和精神要求，也是人际交往的基本准则。一个人要想在社会上立足，就必须具有诚实守信的品德。

在当今的市场经济时代里，诚实守信是每个人必备的素质，每个家庭都应该从小培养孩子有一颗诚信心，让孩子拥有诚实守信的品德，得到别人的尊重和信任，获得真诚的朋友和友谊，将来在事业上才能得到更好的合作伙伴和他人的支持。

莫言是第一个获得诺贝尔文学奖的中国作家。有一次，他在瑞典学院演讲时讲述了发生在他儿童时期的一个故事。故事改变了他，让他学会诚信为人。

小时候莫言家境清贫，其母亲为人正直质朴。有一次，莫言到菜市场上帮忙卖白菜，向顾客多收了一毛钱。莫言心想，一毛钱也不是什么大钱，多收了也就多收了。算完钱，他就去学校了。

中午放学回到家，莫言被母亲叫到跟前。母亲语重心长地告诉莫言，她已知道莫言多收顾客钱的事情，母亲一边说，一边伤心地流泪。但母亲并没有骂莫言，只是轻轻地说："儿子，你让娘丢了脸。"

这件事让莫言感到非常后悔，并深深地影响了他。打那时候起，他就深切地懂得了为人诚信的道理。

后来，莫言走上了文学创作之路，他也把自己从母亲身上受到的影响融入到了他的文学作品《卖白菜》中。《卖白菜》通过回忆一段辛酸往事，刻画了一个坚强、自尊、朴实、诚信的母亲形象。

诚信是一种道德品质和道德规范。人际交往中，如果你要想赢得他人的信任，一定要守信用。诚信待人，它会点燃你生命的明灯，生活不会亏待诚信于人的人。一个守信用的孩子，长大以后，也一定会成为对自己、对家庭、对社会都能承担起责任的人。

无诚则无德，无信则事难成。聪明而睿智的家长们，你一定能领悟到诚信教育的作用和真谛，那么就从现在做起，从身边的点滴小事做起吧，播下诚信的种子，给孩子以力量和耐力，赢得诚信这张人生的通行证！

1.及时鼓励孩子的诚信行为

心理学研究表明，适当的表扬对于塑造孩子行为和培养良好的品德有着举足轻重的作用。所以，家长平时应多观察孩子的行为，一旦发现孩子做到了诚实守信，就应该加以肯定和表扬，使孩子的这一行为慢慢转化为习惯。

有一位父亲是这样做的：

周末，我打算带上初三的女儿去朋友家做客。本来早饭时候我告诉女儿这个消息时，她还表现得很兴奋，但是当我们打算出家门的时候，她突然停住脚步对我说：“哎呀，我差点儿给忘了。老爸，我今天不能和你一起出门了，我已经答应李佳了。她今天要来我们家，我教她吹口琴。”

我看了女儿一眼，故作不在意地说：“我还以为多大的事，你下次教她不就行了。等你回来和她说个‘对不起’就行了，明天教也行啊。”

没想到，女儿坚定地摇摇头说：“不行，李佳来了要扑空的。您平时不是一直教导我为人做事要讲诚信吗？我答应别人的事情，不可以反悔！”

听到女儿的回答，我高兴地说："听到这个答案我很高兴，你真讲信用。那你留下来等李佳，爸爸一个人去了。"

当孩子出现守信的现象，父母要及时表扬他的这种行为，而不要带有太多世俗的功利心态去评价孩子纯真的心灵。通过这样的不断巩固，孩子会愈发明确品质和行为之间的相互关系，从而养成诚信待人的良好习惯。

2.家长要做出诚信的榜样

常言道："身教重于言教。"父母的行动对孩子来说是无声的语言、有形的榜样。美国著名心理学家大卫·艾尔金德认为：要想让孩子有教养、守道德，父母首先必须是一个品德高尚的人。因此要让孩子有诚信的好习惯，父母首先要从自身做起，用自己的言传身教给孩子树立一个诚信的好榜样。

门铃响了，爸爸对12岁的女儿说："去看看是谁敲门，如果是你张叔叔，就说爸爸很早就出去了，不知道干吗去了。"女儿不解地看着爸爸问："但是你明明在家啊！"爸爸有些不高兴地说："叫你怎么说，你就怎么说，你张叔叔找我有事儿，我不想去。哎呀，小孩子管那么多干吗，赶紧去开门，按照我说的说。"……

一天，儿子特别想吃隔壁街上的炸鸡，但是由于妈妈急着回家，就忘记了。回到家看到儿子期待的眼光，妈妈便说："真抱歉，那家的炸鸡都卖完了，明天再给你买好不好？"

看到上面的场景，你是否也感到很熟悉呢？没错，这些故事都是发生在我们身边的事，也许，你也曾经这样欺骗过你的孩子，你总是以为他们还小，这样的话不会对他们产生什么影响，但事实上，你这样的想法是完全错误的。要知道，孩子的模仿能力是非常强的，今天他看见你在说谎，那么，明天他就会学着你的样子去骗别人，久而久之，他就会成为一个不重承诺、毫无诚信可言的人。所以，要想让孩子学会守信，父母首先要做到"言必信，行必果"，凡是答应孩子的事就一定要兑现。如因情况有变或因其他原因兑现不了，也要向孩子说明情况、解释清楚，表明不是有意骗他。

保持谦虚，不要总觉得自己很优秀

生活中，有不少孩子觉得自己很优秀，他们骄傲自大，看不起普通人，并觉得一般的人不适合跟他们做朋友。在他们眼里，只有那些优秀的人、与他们同频的人才配和他们做朋友。与优秀的人在一起固然没有错，但是如果长期用这种价值观去与人交往，一定会失去很多朋友。我们不排除这类骄傲自大的人以后会结交一些社会精英，帮其成就事业，但他们在处理人际关系的问题上可能得不到大多数人的认同，因为他们要干成一份大的事业，一定需要各个方面的人脉来支持他，而这种只和优秀的人交往的想法，会让他们变得很高冷，不屑一顾与人打交道，也自然得不到更多人的支持和帮助。

姜波是班里的"尖子生"，不但学习好，而且体育、文艺也不错，所以总能听到老师和父母的表扬，总能看到其他同学对她投来羡慕的眼神。被光环包围的姜波认为自己是最聪明的，心想没人能在学习上超过自己。

一次，姜波的同桌刘铮遇到了难题，就向姜波请教。没想到姜波不但不耐心听刘铮说出疑问，反而开口闭口叫刘铮"大笨蛋"。刘铮忍了很长时间，心想只要弄懂了问题，被她说几句也无所谓，但是姜波并没有认真地讲解，只是随便糊弄了几下，让刘铮听得糊里糊涂。当刘铮让姜波再讲仔细一点时，姜波说："你真是一个大笨蛋，这么简单的数学题都不会做。"刘铮大为不满，他说："有什么了不起的，以后我不会再向你请教了。"

从那以后，刘铮不再向姜波请教，而且班里的很多同学也都知道姜波骄傲自大的毛病，大家逐渐疏远了她。

一般地说，骄傲自大多表现在家庭条件较优越、具有某方面优势的孩子身上。他们常常高高在上、盛气凌人，不能和同伴友好地相处，或者瞧不起成年人在某些知识方面的欠缺，不尊敬长辈，甚至有的孩子还爱挖苦人、讥讽人，总觉得人人都不如他。骄傲自大的孩子无意之中会在自己与外界之间树起一道无形的"城墙"，形成与外界的隔膜，这使他变得狭隘、自私、目中无人，如井底之蛙，看不到更广阔的世界。

父母应该让孩子明白这样一个道理：妄自尊大，目中无人，会让与你接触的人头痛不已，很难给别人一个好印象，从此你所能交得的新朋友，将远没有你所失去的老朋友那样多，直到了众叛亲离的绝境而后已。试想到了那时，你做人还有什么趣味？你行事还有什么伟大的成就？你的名誉还能靠谁来传扬呢？

潘亮的父母非常喜欢旅游，为了让潘亮有开阔的眼界，每逢节假日，父母都会带潘亮去各地旅游，潘亮本身又聪明、细心，去过的地方他都会拍下很多照片，再记下地理风貌、风土人情。

由于潘亮小小年纪就去了不少地方，说起各地来又头头是道，很受班上同学的钦佩。

上地理课时，老师提出的问题潘亮都能回答出来，连老师也夸奖潘亮。时间一久，潘亮就有些飘飘然。认为课本上的东西都是死东西，老师去的地方都没有他多，只是照本宣科而已，学地理就要到处去走一走。此后，潘亮就不再好好听课，成天梦想着要去世界各地转转，也看不起周围的同学，觉得他们都没见过世面，只知道死学课本。

对学习的不屑和对老师、同学的不尊重，让潘亮的成绩一路下滑，朋友也少了。

妈妈发现了潘亮的异样，对潘亮说："我们带你出去旅游，是希望你能有开阔的眼界，有广阔的胸怀，让你知道'天外有天，人外有人'，你倒好，眼界开阔了，心胸倒狭小了。"在父母的帮助下，潘亮认识到了自己的不足和缺点，人也变得谦虚了，和同学、老师的关系也逐渐好转起来。

苏联科学家巴甫洛夫在给青年人的一封信中这样写道："无论在什么时候，永远不要以为自己已经知道了一切。不管人们把你们评价得多么高，但你们永远要有勇气对自己说：我是个毫无所知的人。切勿让骄傲支配了你们。由于骄傲，你们会在应该统一的场合固执起来。由于骄傲，你们会拒绝有益的劝告和友好的帮助。而且由于骄傲，你们会失掉客观的标准。"的确，人一旦自恃高傲，就会自以为是，就会把视野局限在一个小圈子里，如井底之蛙一般。这样，就会严重阻碍自己继续前进的步伐。所以，人不能骄傲自恃，只有谦虚的人才可以接受更多的知识和能量。

谦虚是孩子成长路上的朋友，而骄傲却是成功的敌人。人人都喜欢谦虚的人，而不会与自以为是的人为伍。所以父母要培养孩子从小谦虚的习惯，要让孩子戒骄戒躁，在谦虚中不断汲取知识，不断取得进步。

1.让孩子认识到骄傲的危害

孩子出现骄傲自大的坏习惯往往是过高地估计了自己，认为自己比谁都强，只看到自己的长处，没看到自己的短处，拿自己的长处比他人的短处。因此，狂妄自大，大都以"自我为中心"，想干什么就干什么，不会设身处地替别人着想。作为父母应耐心地教导孩子，让孩子认识到骄傲的危害，督促他们改正骄傲自大的坏毛病，告诉孩子在交友中应该怎样做和不应该怎样做，并加以训练和指导，使其养成良好的行为习惯，这样，他才会受到大家的欢迎。

有个聪明好学的孩子，一次，他在班上得了一项最佳朗读的奖状，他心中充满了骄傲。回到家里跟女佣说："看看你能不能念这个我会念的。"

善良的妇女拿起课本来，仔细地看了一遍，然后难为情地说："唉，我不会念。"

听了女佣的话，小家伙冲进客厅，得意忘形地跟爸爸喊道："爸爸，我只有8岁，就得了朗读奖状，而有的大人还不会念。看一本书却不会读，我不知道她有什么感觉。"

爸爸十分严肃地说："你很快就会明白她的感觉。"说着走到书架旁，拿了一本书，递给他说："她的感觉就像这样。"那本书是用拉丁文字写的，这个拿了朗读奖状的孩子只读了三年级，对于这本书，他大字不识一个。

小孩直到长大也没有忘记那次深刻的教训，不论什么时候，只要想在人前自吹自擂，他就马上提醒自己："记住，你不会念拉丁文。"这个得过朗读奖状的孩子，再也没有过骄傲自满的心态。

正所谓"谦受益，满招损"。父母要让孩子认识到骄傲的危害，骄傲自大的人就像井底之蛙，视野狭窄，瞧不起别人，这往往会影响团结，导致失败。而谦虚的人往往懂得尊重他人，团结他人，能凝聚起更大的力量，取得更大的进步。家长应该给孩子讲明道理，任何成绩的取得只能是阶段性的、局部的。如果因一时一事成绩就忘乎所以，必然导致停滞不前。生活中，家长可以有意识地给孩子介绍一些成功者的经验，告诉他，古今中外凡是有所作为的人，都是谦虚谨慎、胸怀宽广的人，为孩子树立起学习的榜样。

2.让孩子学会欣赏他人

人无完人，每个人都有优点也会有缺点，有长处也会有不足，家长要让孩子认识到自己和别人的优缺点，这样才能够公正客观地看待自己和别人，与人进行良好的交往。

庞佳在班里当班长后非常得意，虽然她的成绩很好，各方面表现也不错，但是却不受人欢迎。有一天，庞佳从学校里回来，向爸爸抱怨同学们不跟她玩。经过一番了解，爸爸得知女儿在学校里经常贬低同学，对同学的缺点揪住不放，还经常在老师面前打小报告。

爸爸对女儿说："每个同学身上都有优点，也有缺点，你应该多说他们的优点，并学习他们的优点，他们才愿意和你玩，并支持你的工作。同时，别人指出你的缺点时，你要虚心接受并努力改正，这样你才会成为一个受人欢迎的班长。"

从那以后，庞佳学会了找同学的优点，还经常把同学的优点、做的好事告诉老师。老师也很配合，经常在班里表扬那些同学。庞佳也从发现同学们的优点中看到了自己的不足，她慢慢成了一个受欢迎的人。

只有学会欣赏他人，才不会自视过高。对于孩子来说，学会欣赏他人并非易事，但只要在日常生活中注意，从点滴做起，孩子慢慢就会做到，从而克服自负心理。家长应该教育孩子，不要总是拿自己的长处与别人的短处、缺点相比，甚至挖苦、讽刺别人，而应相互鼓励、共同进步，在学习别人优点的同时，不断改正自己的缺点，这样才会不断完善自己，不断得到提高。

3.给孩子做出谦虚的表率

父母是孩子的第一任教师，是孩子效仿的最直接的榜样，父母应该成为孩子高尚人格的榜样，要谦虚友善，不要在孩子面前表现出骄傲情绪，以免让孩子受到不良影响。

一天，居里夫人的一个朋友到她家做客，忽然看见她的小女儿正在玩英国皇家协会刚刚奖给她的一枚金质奖章，不禁大吃一惊，忙问："居里夫人，现在能得到一枚英国皇家协会的奖章是极高的荣誉，你怎么能给孩子玩呢？"居里夫人笑着说："我是想让孩子们从小就知道，荣誉就像玩具，只能玩玩而已，绝不能永远留着它，否则就将一事无成。"

父母教育孩子学会谦虚做人，首先就要给孩子做一个谦虚的表率。父母如果骄傲自满，妄自尊大，孩子自然不知谦虚为何物。因此，父母要给孩子做出榜样，孩子看得多了，听得多了，自然就学会了父母谦虚做人的态度与行为。

会分享，体会"独乐乐不如众乐乐"

所谓分享，就是指个体与别人共同享受欢乐、幸福、好处等。它是与独占和争抢行为相对立的，不仅包括对物质和金钱等有形东西的分享，还包括对思想、情绪、情感等精神产品的分享，甚至还有对义务和责任的分担。分享是人在社会交往中需要获得的一种意识，一种能力，一种品质，也是每个人需要具备的一种美德。

一个人想要探求天堂的幸福与地狱不幸的人的生活状况，为此他来到这两个天壤之别的地方。实地参观后，他感到很吃惊。所谓享有天堂幸福与地狱不幸的人所处的环境，竟然一模一样。他们坐在同样饭菜的桌前，手举长勺，只是因为勺太长了，谁也无法用它把饭菜放到自己嘴里。然而天堂的人满脸微笑，地狱的人却一脸沮丧。地狱的人之所以愁眉苦脸，是因为他们手里的长勺是用来敲击他人手中的长勺，以防他人比自己先吃到饭；而天堂里的人之所以喜笑颜开，是因为他们是用自己手中的长勺，盛满了饭先给对方吃。

这个故事生动地告诉我们，人活在这个世上，一定要学会分享与给予，养成互爱互助的行为习惯。只要学会分享，地狱也能变成天堂。

古语有云：与君同行，分之即得之！意思是说：和别人在一起，如果你愿意和身边的人分享你的东西，那么得到的一定比失去的多。在当今的社会中，分享是现代人际交往的基础，也是生活品质得以提升的表现。只有懂得与人分享，乐于与人分享，敢于与人分享，才能充分得到别人的尊重与认可，才能让你事业走向成功。

古人说过，"独乐乐不如众乐乐"。分享是孩子获取快乐的途径。一个乐于分享的孩子，很自然地能够交到更多的朋友，更加受欢迎。孩子可以从分享中真切感受到分享带来的快乐，这对他们正确理解分享以及将来形成健全人格都具有十分重要的意义。

然而，现在的孩子大多是独生子女，在家庭中拥有相对特殊的地位。从小在相对封闭的、受到严密保护的环境中成长，缺乏对他人的关心和尊重，无形中形成了自私、专横、独占等不良的情感。他们习惯了家长的呵护，往往以自我为中心，不知道如何去关心别人，体会不到与人分享的快乐。显然，分享不是一件易事。因为孩子的分享行为并非天生，而是通过后天的教育和引导逐渐形成的。正因如此，在孩子的成长过程中，家长有义不容辞的责任培养孩子的分享品质。

曾经有个男孩子对老师说："我不快乐！虽然我家有两个保姆，上百本图书和数不清的玩具。可是，我就是不快乐！"

于是老师就问他："你把这些书分给没有书的小伙伴看过吗？"

"没有。"

"那你把那些玩具分给别人玩过吗？"

"也没有。"

"你的压岁钱用来帮助过有困难的同学吗？"

"更没有了。"

"所以你不快乐！"老师这样对他说，"如果你能把这些东西拿出来和别的伙伴分享，快乐自然就会来到你的身边！"

这次谈话后，孩子了解到贫困地区有许多爱学习的孩子没钱买课外书时，他真的很吃惊，就和妈妈一起捐出一万块钱，要求为5所农村小学建立"手拉手"书屋。

几个月之后，男孩竟然收到了上百封农村孩子的来信，男孩的校长惊讶不已，以为这个男孩干了什么惊天动地的"大事"。

在这些信中，农村孩子对城市男孩表达了最朴实的感谢，说他们从来没有看到过那么多的书，还说那些书让他们产生了许许多多美丽的梦想，给他们带来了不曾有过的快乐，更说他们一定会好好读书……

男孩被感动了！他忽然觉得，自己是多么重要，自己的那些书是多么神奇！

慢慢地，男孩变得快乐了！他还和妈妈商量好，每年都要省下一些钱来捐书，送给山里的孩子。第二年，他又捐了1000册书……

让孩子学会分享，体会分享的快乐是孩子成长道路上不可或缺的。在分享中，孩子会找到更多的知己和伙伴，也会给孩子在无形中建立很好的人际基础。

学会分享是孩子社会化发展的一个重要内容，直接影响着孩子将来能否很好地在社会上立足。孩子从小就有分享的意识，经常有分享的行为，体会到分享带来的快乐和满足，看到了分享给别人带来的愉悦，孩子慢慢地就能理解分享的真正含义，学会发自内心的分享，成为一个乐于分享、习惯分享的人。

1.引导孩子的分享行为

现实生活中，有很多孩子吃独食，不愿与他人分享，与父母的溺爱是密切相关的。很多父母出于对孩子的爱，把好吃的、好玩的全让给孩子，孩子偶尔想让父母分享，父母在感动之余，却常常说："我们不吃，你自己吃吧。"长此下去就强化了孩子的独享意识，他们理所当然把好吃的、好玩的据为己有。

凌亮最爱吃鸡翅。每当家里做鸡翅的时候，爷爷总是习惯性地把一盘鸡翅放在他的跟前。时间久了，凌亮就自认为那盘菜是为他一个人准备的，竟然把菜盘放到了自己的眼皮底下，并且不让别人动。

妈妈将这一切看在眼里，就假装对儿子说："那个菜肯定很难吃，是吧？"凌亮一听，着急了，"不是的，很好吃。"

妈妈摇摇头说："我们都不相信啊。我们又没有吃，肯定是很难吃的。"

凌亮连忙把盘子推到大家面前，说："你们都尝尝看，很好吃的。"

看到全家人都吃了后，凌亮就问："很好吃是不是？"

这时候，妈妈就告诉儿子："好东西要大家一起分享，才能知道好吃还是不好吃，是不是？"

凌亮点了点头，主动把盘子端到每个人面前，让大家一起吃。

全家人都纷纷竖起拇指说："凌亮真是个懂事的孩子！"

后来，凌亮吃饭的时候，再也没有发生过把菜盘抢走的事情。

孩子的分享行为不是自发生成的，家长必须在日常生活中引导孩子怎样做。例如，吃东西时，有意识地引导孩子将食物分发给大人，告诉孩子好吃的要和大家分享；还可以尝试着让孩子把好的、大的先给别人吃，而大人在欣然接受孩子给你的东西时，别忘了说"谢谢"，让孩子感受到真实的分享，同时也在无形中让孩子学到人际交往的技巧。

2.让孩子尝到分享带来的乐趣

吴迪的班级开设了"图书角"，老师号召同学把自己的书拿出来和同学们交换阅读，分享图书资源。可是放学回家后，吴迪却一脸的不高兴。爸爸问他为什么，他说他看到有个同学拿了一本《格林童话》，他很想看，可他又怕交换图书后，同学将他的书弄坏，所以就没有换到。爸爸知道原因后，和蔼地对吴迪说："交换的图书是不会损坏的，几天后就换回来了，即使损坏了也没关系，可以再买。但是自己不付出，不与他人分享，自己也得不到分享的乐趣。"在爸爸的鼓励下，吴迪决定明天就把自己的《小王子》拿去交换，换他喜欢的图书。第二天放学后，吴迪高高兴兴地把他喜欢的图书换回来了。

孩子的分享意识和行为要依靠父母的引导。孩子的心理之所以不愿与人分享，是因为他觉得，分享就是失去。家长要让孩子明白分享是互利。分享体现了自己对别人的关心和帮助，别人也会回报自己同样的关心和帮助，这样彼此关心、爱护、体贴，大家都会很快乐。

很多时候，孩子之所以不愿与人分享，是因为他们认为别人拿走了他的东西，这件东西就不再属于他了，这样他就会吃亏。这时如果家长要求孩子把自己的东西分给同伴，孩子就会产生紧张心理。家长要了解孩子的心理，通过具体的事件教会孩子分享不仅不会吃亏，而且会有收获。当孩子发现个人一个小小的分享行为，不但会给自己、还会给周围的人带来这么多幸福时，他们感到非常惊讶，并会积极地参与这种令人惊讶的分享活动。

3.给孩子分享的实践机会

一位妈妈在孩子的生日聚会上做了一个特别的安排，送在场每位同学一人一张孩子们共同偶像的最新歌曲专辑，现场顿时一片欢呼，这位聪明妈妈的意思是，每个好友一份，这样在孩子们念书累的时候可以听到同样的音乐，有同样的心情，这样孩子们的感情更加亲密。这位聪明的妈妈不但让孩子永远记住了这个特别的聚会，更重要的是，她教导了孩子如何分享快乐。

在生活中，父母应该多为孩子创造、提供与同伴分享物品的机会，让孩子在实践中学会分享。家长可以利用节假日、过生日等机会，让孩子与同伴一起玩耍，并鼓励孩子拿出自己心爱的玩具，让他体验与别人一起玩自己的玩具的快乐。事后，父母可以告诉孩子玩得高兴的原因，在于和同伴一起分享了他的快乐。如果你愿意与别人分享你的快乐，以后你与同伴玩时，他们会乐意和你一起分享他们的快乐。

另外，父母也可以常为孩子提供为家长服务的机会，如家里买了水果、糕点时，让孩子进行分配。教给他先分给爷爷奶奶等长辈，再分给爸爸妈妈，然后才分给自己。在这种分东西的过程当中，孩子不仅学会了与人分享，而且明白了应该尊敬长辈、关心父母。

4.做一个乐于分享的家长

家长是孩子最好的榜样。在日常生活中，家长关心别人、帮助别人，自然会给孩子潜移默化的影响。父母要做与人分享的模范，经常主动地关心和帮助别人。做了好吃的点心分给邻居尝尝，毫不吝惜地借给别人需用的物品等，这些小事都会为培养孩子的分享意识起表率作用。这些行为都无声地鼓励着孩子与人分享，这样的孩子也会有人愿意与他们分享。

学会感恩，让孩子的路越走越宽

在中国，自古就有不图回报的美德，也有知恩不报非君子、滴水之恩当涌泉相报的古训。感恩是每个人都应该具备的基本道德，也是一个人的起码修养。

感恩是一种对恩惠心存感激的表示，是每一位不忘他人恩情的人萦绕心间的情感。在生活中，如果我们每个人都不忘感恩，人与人之间的关系会变得更加和谐、更加亲切。我们自身也会因为这种感恩心理的存在变得更加愉快和健康。感恩一切，内心才会时刻充满温暖，活在感恩中，人才会幸福快乐。所以，父母在教给孩子们知识的同时，必须教给他们一种品质——学会感恩，学会带着感激的心情生活。

英国哲学家约翰·洛克曾说过："感恩是精神上的一种宝藏。"一个懂得感恩的人，才是幸福而又幸运的人。一颗感恩的心，是人类心田中最真、最善、最美的种子。它发芽之后，会开出爱心之花，结出善良之果。而我们的人生也将由此进入与众不同的新世界。

曾经一位富有的老华侨，归国后想资助贫困地区的一些学生，于是，在有关部门的帮助下，他找到了一些有受捐需求的孩子的联系方式和地址，每人寄去一本书一些笔，并随书标注了自己的电话号码、联系地址以及邮箱等信息。

老华侨的家人和朋友十分不理解老人的做法：为什么送一本书还要留下联系方式？在不解和质疑声中，老人像是焦急地等待着什么，或是守在电话旁，或是上网打开自己的邮箱。

直到有一天，终于有一位收到书的孩子给老人寄来祝贺节日卡片（这也是唯一与老人联系的孩子），老人高兴极了，当天就给这个孩子汇出了第一笔可观的助学资金，同时毅然放弃了对那些没有反馈消息的学生的资助。

这时家人才明白，老人是在用他特有的方式诠释"不懂得感恩的人，不值得资助"的道理。

俗话说："滴水之恩，当涌泉相报"，"投之以桃，报之以李"……然而现在，我们也不得不承认这样一个事实：知道感恩的人不太多了，尤其是孩子！

现如今的孩子多数是独生子女，在家的地位可谓是"位高权重"。全家一切以孩子为中心，而孩子们从小到大都是扮演被爱的角色，久而久之，很多孩子认为从父母那里得到东西是理所当然的，生活中只知道索取，不知道回报，自然不会想着去关心别人、感激他人。所以教育孩子"学会感恩"是一件重要的事情。让孩子学会感恩，其实就是让他学会尊重他人，对他人的帮助时时怀有感激之心。

　　日本的一些学校十分重视对学生进行"感恩教育"。他们的感恩教育主要是教育孩子感谢父母、感谢老师、感谢所有关心自己的人。感谢父母，是因为父母养育了自己；感谢老师，是因为教师给予了自己知识，提高了自己的能力；感谢其他关心自己的人，是因为他们的关心和帮助使自己健康成长，渡过人生的一道道难关。这些看似朴素的感恩教育中却蕴藏着深刻的人情道理和人文关怀。

　　有一个作家在美国旅游，一天他到了一家旅馆住下，那是在洛杉矶的一家旅馆。

　　这天早晨，作家在大堂的餐厅里就餐时，发现自己的右前方有三个黑人孩子，聚精会神地在餐桌上埋头写着什么。

　　作家感觉很奇怪，在就餐的时间、就餐的地方，这三个孩子却没做与吃饭有关的事。作家难以按捺心中的好奇，便走了过去……

　　当作家问他们在做什么时，老大回答说正在写感谢信。他一副理所当然的神情让作家满脸疑惑。这三个小孩一大早起来就为写感谢信？

　　作家愣了一阵后，继续追问道："写给谁的？""给妈妈。"

　　作家心中的疑团一个未解一个又生了出来。"这是为什么呢？"作家又问道。

　　"我们每天都写啊，这是我们每日必做的功课。"一个小女孩回答道。哪有每天都写感谢信的，真是不可思议！

　　作家凑过去看了一眼他们每人手下的那沓纸。老大在纸上写了八九行字，妹妹写了五六行，小弟弟只写了两三行。

　　再细看其中的内容，却是一些像"路边的野花开得真漂亮""昨天吃的比萨饼很香""昨天妈妈给我讲了一个很有意思的故事"之类的简单语句。

　　看着看着，作家心头一震，原来他们写给妈妈的感谢信不是专门感谢妈妈给他们帮了多大的忙，而是记录下他们幼小心灵中感觉很幸福的一点一滴。

他们还不知道什么叫大恩大德，只知道对于每一件美好的事物都应心存感激。但作家认为，他们能做到这些，已经足够了。

感恩是一份美好感情，是一种健康心态，是一种良知，是一种动力。孩子将来慢慢长大成人，总有一天要走进社会，在众多的社会关系中，孩子会受到很多同事、亲人、朋友、陌生人的帮助，这时，孩子最需要有一颗感恩的心。当孩子以一颗感恩图报的心面对社会时，他会活得更愉快、更出色。

感恩教育是家庭教育的重中之重。一个懂得感恩的孩子会更珍惜自己的生活，善于发现事物的美好，感谢他人给予的一切。感受平凡中的美丽，就会以坦荡的心境、开阔的胸怀来应对生活中的酸甜苦辣。让孩子学会感恩，从而让孩子以友善之心对待他人，尊重他人的劳动也更加尊重自己。这有助于他们良好品格的形成，使孩子一生受益无穷！

1.教孩子感谢父母

让孩子学会感恩，首先就是要感念父母的养育之恩。因为父母是孩子的至亲，如果对父母的关心、疼爱不感恩的话，那么孩子对别人就更加不会懂得感恩。

有一个小女孩看到一则关于汽车的电视广告，广告词是："爸爸开车好得意。"女儿觉得如果自己的爸爸也开上这种车，肯定非常得意。于是，固执的女儿要求自己的爸爸也去买一辆这样的汽车来开。女儿的要求，让父亲很满足，于是他每天加班工作，终于买了这辆车。他兴奋地问女儿："爸爸得不得意？"女儿却懂事地对爸爸说："爸爸，你工作好辛苦。"

这句话，让父亲泪流满面。

教孩子学会感恩，首先让孩子从感谢父母开始，要让孩子知道，即使是来自父母那最简单的衣食、最质朴的关怀，也无不倾注了父母对他们的辛劳和热爱。这种爱是独一无二的。这样孩子才能珍惜自己拥有的一切，理解并爱父母。

在日常生活中，父母应该时刻创造条件启发孩子学会用感激、感恩的心态去面对自己的付出，让孩子先从感恩父母开始。比如，让孩子知道父母为自己做事后要说谢谢等，通过这种小的事情、小的情绪让孩子熟悉这种感恩的状态，并最终知道如何表示自己的感恩。

2.教导孩子感谢师恩

从上学那天起，妈妈就告诉女儿敏敏："在学校里，老师就是你的父母，老师会像爸爸妈妈一样对待你，他们希望你学好知识，拥有本领，将来有出息，所以，你一定要尊重老师。"

后来，敏敏上初中了。爸爸妈妈开始鼓励敏敏用实际行动来向老师感恩，特别是在教师节前夕，爸爸妈妈会让敏敏买来节日卡片，并让她写上自己的祝语。在教师节当天，敏敏会将卡片送给自己的各科老师。一些曾经教过自己的老师，敏敏也会通过电话表示节日的问候。在送出祝福的同时，敏敏也得到了每位老师的热情回应，从老师们高兴的言语和表情中，敏敏收获到了感恩所带来的快乐。

爸爸妈妈还让敏敏积极地为老师擦黑板，鼓励敏敏当班干部，既可以锻炼自己的能力，又可以帮助老师分担一点工作。

为什么我们要让孩子对老师送上最诚挚的感谢？因为老师是孩子人生中重要的导师。孩子只有对老师心存恭敬和感恩，才能重视学业、孜孜不倦。作为父母，不但要教导孩子尊重老师，更要从心底体谅老师的辛劳。父母做到了，孩子自然会感念老师教育之恩。

3.父母要以身作则

周浩从小就是个懂事的孩子，妈妈下班时知道给妈妈拿拖鞋，为妈妈倒杯水，捶捶背。很多人都夸奖周浩孝顺，实际上，周浩的孝顺行为都是从妈妈那里学来的。

周浩的奶奶半身不遂，卧床不起，每天都是妈妈给她梳头、做饭、洗衣服。周浩看到妈妈对奶奶这样，也学着妈妈的样子照顾奶奶了。

后来，周浩开始上学，也懂得了很多道理。他知道妈妈很孝顺奶奶，看到妈妈天天这么劳累，他就自觉地替妈妈做些力所能及的事情，渐渐成了令别人的父母羡慕不已的好孩子。

一个人是否有感恩之心，与他所处的环境、所受到的教育是密不可分的。父母是孩子的第一任教师，父母的一言一行、一举一动都将对孩子产生潜移默化的作用。因此，父母要严格要求自己，从点滴做起，在日常生活中向孩子渗透感恩的意识，并在一些小事上给予积极的引导。凡是要求孩子做到的事，自己首先要做到、做好。要求孩子尊敬老人，你首先就要尊敬老人。让自己的一言一行、一举一动随时随地地成为孩子学习的榜样，使自己的自觉行为潜移默化地影响到孩子。如果父母常怀一颗感恩之心，那么孩子也势必会拥有一颗感恩的心。

有爱心的孩子，永远学不坏

"爱心"是人类教育的一个永恒的主题，是人类所有感情中最高贵、最纯朴、最真挚的，是人类社会向前发展的最根本原因。从古至今，有一颗善良友爱的心一直是人们所推崇的。一个没有爱心的人，就是一个冷漠的人，一个与社会脱节的人。

世上每个人都期望得到爱。爱的力量是伟大的，是无可比拟的。它穿越时空，照亮一个人心中的黑暗；它无私而高尚，融化人们冰冷的心田；它不求回报，心甘情愿地付出。给人以爱，你也将处处得到爱。

这是美国东部的一个风雪交加的夜晚，推销员克雷斯的汽车坏在了冰天雪地的山区。野地四处无人，克雷斯焦急万分，因为，如果不能离开这里，他就只能活活冻死。这时，一个骑马的中年男子路过此地，他二话没说，就用马将克雷斯的小车拉出了雪地，拉到了一个小镇上。当克雷斯拿出钱对这个陌生人表示感谢时，中年男子说："我不要求回报，但我要你给我一个承诺。当别人有困难的时候，你也尽力去帮助他。"

在后来的日子里，克雷斯帮助了许许多多的人，并且将那位中年男子对他的要求，同样告诉了他所帮助的每一个人。

6年后，克雷斯被一次骤然发生的洪水围困在一个小岛上，一位少年帮助了他。当他要感谢少年时，少年竟然说出了那句让克雷斯永远也不会忘记的话："我不要求回报，但你要给我一个承诺……"克雷斯的心里顿时涌起了一股暖流。

爱是美好品德的核心，是人类最伟大高尚的情感。爱，可以让我们察觉别人的困难，并唤醒我们的良知与感情，我们才会变得宽容而富有同情心，才能理解别人的需要，才会伸出双手去帮助那些受到伤害和需要帮助的人。一个不会爱的人是可怕的，他的感情生活也将一片空白。

辛迪是一个聪明乖巧的美国小女孩。有一天，辛迪去外面玩，回到家一直闷闷不乐，晚上也不肯吃饭。爸爸哄她吃饭，辛迪流着眼泪说："爸爸，要是我把晚饭吃了，你可以答应我一个小小的请求吗？"爸爸看她那么难过的样子，就答应了。吃完饭，爸爸想知道辛迪为什么伤心，就问："到底什么请求？"辛迪说："我要剃光头。"爸爸吓了一跳，妈妈听后从厨房里跑出来，坚决不同意。最后还是爸爸妥协了，他说："我已经答应了孩子，如果反悔，以后怎么让孩子相信我？"

第二天，父亲开车把理了光头的辛迪送到学校门口，正碰见一个母亲也送自己儿子上学。令他诧异的是：这个男孩也剃了光头！这时，男孩的母亲走过来对他说："先生，感谢你的女儿！我的儿子哈里得了白血病，因为化疗，头发都掉光了！学校里同学们都嘲笑他，所以哈里已经整整一个月不敢来学校了。昨天，你的女儿到我家看望哈里，要哈里答应她一定来上学，为了不让哈里被同学们嘲笑，她竟把自己那么美丽的长发剃掉了！先生，你有这样好的女儿，是上帝恩赐给你们的！"

辛迪的爸爸听完她说的话，眼圈红了，他深深为女儿感到骄傲，并暗暗庆幸自己同意了女儿的请求，满足了她关爱同学的心愿，成全了孩子的爱心。

爱心，是人性光辉中最美丽、最暖人的一缕。对于一个孩子的个性发展而言，没有什么能比爱和善良更重要的了，这是孩子将来亲和社会的基础和前提。

冰心曾说："有了爱就有了一切。"对于孩子，我们不但要为他们创设一个被爱的环境，更重要的是要让他们学会如何去爱别人。只有在"爱"与"被爱"的双重环境下，我们的下一代才可能健康地成长起来。

爱心的产生，是基于个体的社会性情感需要，它不是人与生俱来的品质，而是在后天的环境和教育的熏陶下逐渐形成的习惯性心理倾向，必须在童年时悉心培养。所以，家长平时注意对孩子一点一滴的培养，一言一行的引导，在平时生活中关注孩子，培养孩子的爱心，那仁慈博大的爱心，就会在孩子心头扎下根，并会随着孩子的成长而不断扩展和升腾。

1.鼓励孩子的爱心行为

培养孩子的爱心，要从赏识孩子的行动开始，对孩子的爱心行为和表现做出正面的、积极的回应，通过这种回应和赏识，强化孩子的爱心行为，鼓励孩子在以后怀着一颗爱心去生活。

晓玲是一个很有爱心的小学生，妈妈经常鼓励她去帮助他人。有一次，晓玲跟妈妈一起上街去买东西。在过马路的时候，晓玲看见一位行动不便的老奶奶，她看了看妈妈，妈妈正用鼓励的眼光望着晓玲。于是，晓玲主动走上前去，扶着老奶奶走过了马路。走到马路对面后，老奶奶十分感谢晓玲，夸她是个有爱心的好孩子。这时，走在后面的妈妈对晓玲说："晓玲，你注意了没有？旁边的叔叔都微笑地看着你，后边的阿姨向你投来赞许的目光呢！"果然，晓玲朝旁边一看，好多叔叔阿姨都微笑地看着她。晓玲高兴地回答道："老奶奶过马路时会很困难，我们每个人都应该帮助老奶奶过马路，是吧，妈妈？"

妈妈赞许地点点头。

当孩子做出爱心之举后，如果得到了肯定和表扬，那么他还会继续这么做。因此，当孩子帮了别人一些小忙，或者替别人着想时，父母要及时表扬他的这一举动，鼓励他以后多做一些助人为乐的事情。

2.给孩子提供奉献爱心的机会

在对孩子进行爱心教育时，家长要给孩子提供一些机会和条件，爱只有落实到具体的事情和人身上，才能得到及时的加强和反馈，感觉到快乐和幸福，才能巩固爱的行为，丰富爱的感情。

冯先生是白领阶层，儿子常常以爸爸是经理、能挣钱为骄傲，可这孩子自私小气，没有爱心，不愿意帮助人，对别人的给予不思报答，经常想的就是自己。冯先生不喜欢孩子的这种表现，感到孩子没有爱心、同情心是个大问题，要抓紧教育，补上这一课。2004年年底，印度洋的地震和海啸夺去了几十万人的生命，还有不少人流离失所、疾苦难当。冯先生和儿子在电视上看到了东南亚人民受灾的悲惨情景和各国人民开展人道主义救援的义举。冯先生叹息着，深表同情，可儿子觉得外国离我们很远，与我们没关系。2005年年初，冯先生单位举行为灾区捐款仪式，他带儿子来见识了这个热烈的场面，并当场将5000元人民币放入捐款箱。儿子说："您平时那么节省，现在这么大方！"冯先生说："我以前受到过很多人的帮助，遇到别人有难，就应该慷慨解囊才对。"没想到第二天儿子就把自己的100元零用钱捐了。此后，儿子对班上的同学有困难也爱帮助了。

培养孩子的爱心，我们也要注意给孩子创造献爱心的机会。比如，带孩子搭公车时，看到有老人上车时，父母自己以身作则起来让座，就是让孩子感受到"博爱"意义的好机会。同时引导孩子关心身边的人。如果听到有其他小朋友有困难，父母可以主动告诉孩子去问问同学是否需要帮助，父母并给予孩子协助，让孩子从小就能体会帮助人的快乐，也能让孩子更富有悲悯之心。再比如，有新闻报道说，某地有人做手术缺钱，生命垂危……这时，我们就应该带孩子一起去捐款，献上一份爱心，而且要让孩子拿出自己的零花钱以他自己的名义献爱心，这样孩子就能体会到献爱心的一种成就感和自豪感，为孩子以后更大的爱心行为打下基础。

3.学会接受孩子的爱

很多家长已经习惯了对孩子付出。而在面对孩子的爱的付出时，他们会因为心疼孩子而做出"拒绝"的行为。殊不知，这样做其实不仅不能让孩子感受到父母对他的疼爱，有时反而会深深伤害孩子表达爱的积极性。

小亮是小学二年级的学生。在一次课堂上，老师讲到在家要尊敬父母，善于体谅父母。从此，小亮开始帮助妈妈做家务，并得到了妈妈的赞赏。有一次，妈妈在饭桌上对爸爸说："我们的乖儿子现在知道帮我干活了，真懂事了。"谁知道爸爸听了并不以为意，还满不在乎地说："这算什么，把学习抓好了才行。"听到这里，小亮兴奋的心凉了半截。

有一天放学回家后，妈妈在厨房里做饭，小亮在客厅里写作业。这时候，爸爸下班回来了。小亮知道爸爸忙碌一天，一定累了，就马上倒了一杯茶水，递到爸爸面前："爸爸，请喝茶！"

让小亮想不到的是，爸爸冷冰冰地说："去去去，快去写作业！想要倒茶我自己来，过几天考试的时候给我考个第一比什么都强！"小亮慢慢地把茶杯放在桌子上，又回到了座位上。妈妈听到了爸爸的话，走过来说："孩子也是好心，瞧你一点儿也不知道体谅他。"

小亮手里拿着铅笔，本来早已经无心继续写下去了，被妈妈这么一说，心里感觉更委屈了，泪水一直在眼眶里打转转。

其实爱是孩子的天性，他们从小就希望能为他人做什么，只是缺少表现的机会，不少家长们太过于关注孩子们的学习了，从而忽视了他们的感受，如果孩子想要向父母表达自己爱的情感，就让他们大胆地释放出来吧，不要总是一味地盯着孩子的学习，适当地给孩子一些自由和快乐，多关注一些孩子们的情感，和他们多交流、多沟通。如果你的孩子在家或者是在学校做了一些好事，就多给予他们及时的表扬和鼓励吧，使他们感到无限的快乐。

不说谎话，做个诚实的孩子

林肯说："你能欺骗少数的人，你不能欺骗大多数的人；你能欺骗人于一时，你不能欺骗人于永恒。"这是多么中肯的话啊！诚实是一种美德，说谎则是不诚实的前奏，是人人都厌恶的一种不良品质。在人际交往中，人们都不愿意与不诚实、说谎的人打交道，因为这种人无法给人一种信任感和安全感，是一种缺乏教养的表现。

"狼来了"的故事，大家耳熟能详，它告诫我们：一个不诚实爱骗人的孩子，最后会失去援救而被狼吃掉。不诚实、说谎话向来被人们唾弃，并被当作人的最大恶习之一。不难想象，一个爱说谎愚弄他人的孩子很容易让他人产生厌烦和不信任，甚至是鄙视。这样的孩子必然会跟社会环境格格不入，必然遭到集体和社会的否定。所以，父母要教育孩子做一个诚实的人，具有诚实的品质往往能使孩子结交更多的朋友，得到更多的帮助，受到更多的关怀，这对孩子的身心健康发展无疑有重要作用。

故事发生在1954年的岁末，那时，杰克只有12岁。他是一个勤劳懂事的孩子，上学之余，还给附近的邻居送报纸，以此赚取他所需要的零用钱。

在他送报的客户中，有一位慈祥善良的老夫人。现在杰克已经记不起她的姓名了，但她曾经给他上的一堂有价值的人生课，他依然记忆犹新。杰克从来都没忘记过这件事，他希望有一天能把它传授给别人，让他们也从中得到教益。

在一个风和日丽的午后，杰克和一个小朋友躲在那位老夫人家的后院里，朝她的房顶上扔石头。他们饶有兴味地注视着石头像子弹一样飞出去，又像彗星一样从天而降，并发出很响的声音。他们觉得这样玩很开心、很有趣。

杰克又拾起一块石头，也许因为那块石头太滑了，当他掷出去的时候，一不小心，石头偏了方向，一下子飞到老夫人后廊的一面窗户上。当他们听到玻璃破碎的声音时，就像兔子一样从后院逃走了。

那天晚上，杰克一夜都没睡着，一想到老夫人家的玻璃就很害怕，他担心会被她抓住。很多天过去了，一点动静都没有。他确信已经没事了，但内心的犯罪感却与日俱增。他每天给老夫人送报纸的时候，她仍然微笑着和他打招呼，而杰克却觉得很不自在。

杰克决定把送报纸的钱攒下来，给老夫人修理窗户。三个星期后，他已经攒下7美元，他计算过，这些钱已经足够了。他写了一张便条，把钱和便条一起放在一个信封里。他向老夫人解释了事情的来龙去脉，并且说出了自己的歉意，希望能得到她的谅解。

杰克一直等到天黑才小心翼翼地来到老夫人家，把信封投到她家门口的信箱里。他的灵魂感到一种赎罪后的解脱，重新觉得自己能够正视老夫人的眼睛了。

第二天，他又去给她送报纸，这次杰克坦然地对她说了一声"您好，夫人！"她看起来很高兴，说了"谢谢"之后，就递给杰克一样东西。她说："这是我给你的礼物。"原来是一袋饼干。

吃了很多块饼干之后，杰克突然发现袋子里有一个信封。他小心地将信封打开，发现里面装了7美元纸钞和一张彩色信笺。信笺上大大地写着一行字："诚实的孩子，我为你感到骄傲。"

诚实的孩子是受人欢迎、尊重和信任的。在家庭教育中对孩子诚实品质的培养，能使孩子抵御不良品质的侵袭。当孩子一旦形成诚实的品质后，他们就不会在父母、老师、同学面前或弄虚作假，或当面一套背后一套，或挑拨是非，等等。因此，培养诚实的品质是使孩子形成优良品质、克服不良品质的重要途径。

诚实是一种可贵的品质，一个人只有诚实可信，才能够建立起良好的信誉，才能获得别人的真诚对待。在这个复杂的社会，你越是诚实可信，人们越会认为你难得，值得交往和相处。

在美国，一位著名心理学家为了研究父母对孩子人生的影响，在全美选出50位成功人士，他们都在各自的行业中获得了卓越的成就；同时另选出50位有犯罪记录的人，分别去信给他们，请他们谈谈父母对他们的影响。有两封信给那位心理学家印象最深：一封来自白宫的一位著名人士，一封来自监狱的一位服刑的犯人。他们谈的都是同一件事：小时候母亲给他们分苹果。

那位来自监狱的犯人在信中写道：

"小时候，有一天妈妈拿来几个苹果，红红绿绿，大小都不一样。我一眼就看见中间的一个又红又大，十分喜欢，非常想要。这时，妈妈把苹果放在桌子上，问我和弟弟：'你们想要哪一个？'我刚想说要最大最红的一个，这时弟弟抢先说出了我想说的话。妈妈听了，瞪了他一眼，责备他说：'好孩子要学会把好东西让给别人，不能总想着自己。'

于是，我灵机一动，改口说：'妈妈，我想要那个最小的，把大的留给弟弟吧。'

妈妈听了，非常高兴，在我的脸上亲了一下，并把那个又红又大的苹果奖励给我。我得到了我想要的东西。从此，我学会了说谎。以后，我又学会了打架、偷、抢。为了得到想要的东西，我不择手段。直到现在，我被送进监狱。"

而那位来自白宫的著名人士是这样写的：

"小时候，有一天妈妈拿来几个苹果，个头大小都不一样。我和弟弟都争着要大的，妈妈把那最大最红的苹果举在手中，对我们说：'这个苹果最红最大最好吃，谁都想得到它。现在，我们来进行比赛，我把门前的草坪分成两块，你们两个人一人一块，负责修剪好，谁干得最快最好，谁就有权得到它！'

于是我们兄弟俩比赛除草，结果，我得到了那个最大的苹果。

我非常感谢母亲，她让我明白了一个最简单也最重要的道理：要想得到最好的，就必须努力争取。她一直都是这样教育我们的。在我们家里，你想要什么好东西，就要通过努力，这很公平。"

孩子是否有诚实的品德，直接关系到孩子将以一种什么样的态度去对待人生，也关系到他人将对其行为做出何种评价的问题。无论何时，诚实的孩子

自己带来更大的麻烦。

一天下午，王强没有按规定完成爸爸布置好的功课，而是跑出去玩。事后爸爸妈妈问他去了哪里，他撒谎说是给一个小伙伴补课去了。

爸爸妈妈顺便关切地问了一句："哪个小朋友啊？"

从不撒谎的王强不知该如何是好，脸一下子就红了。知道孩子在撒谎，说实在的，爸爸那时真的感觉很受打击，妈妈也很痛心。

但是他们知道，采取粗鲁的方式是解决不了问题的，应该平静地给他补上这人生的一课。

"强强，不要骗爸爸妈妈，你下午到底去了哪里，不是已经给你布置作业了吗？"

"我去给小小补习英语去了。"

"可是，我们刚刚见过小小的妈妈，你根本没有到过他们家！"

王强的脸更红了。

"平常给你讲过多少故事，千叮咛万嘱咐，要诚实，不许说假话。你都忘了吗？小华盛顿勇于承认错误的故事不是你最喜欢的吗？"

泪珠开始在王强的眼睛里打转了。

"爸爸妈妈今天不打你，但是你要记住你做错了。"

"我自己偷偷出去玩了。我不应该说谎，我知道错了，爸爸妈妈你们原谅我吧！"王强带着哭腔说道。

看到王强态度很诚恳，爸爸妈妈的神色有所缓和。

"知道错了就好。记住，无论什么时候都不要说谎。"

当孩子说谎或犯错时，家长要启发孩子认识到诚实的可贵，通过名人事例、其他小孩榜样、故事等使孩子认识到诚实是人的一种良好的道德品质，做人诚实才能得到更多人的喜爱。

有同情心的孩子更有人情味

著名教育家陈鹤琴先生曾说过："同情行为在家庭里、在社会里是一种非常重要的美德。若家庭里没有同情行为，那父不父、母不母、子不子，家庭就不成为家庭；若社会里没有同情行为，尔虞我诈，人人自私，社会也不成社会了。"一个具有同情心的孩子，可以体会到他人的情感，从而关心他人、帮助他人。

同情心是一种重要的道德情感。所谓同情心，是指对他人的不幸遭遇产生共鸣，及对其行动的关心、赞成、支持的情感。它要求人们善于理解他人的处境，随时准备从道义上支持他人，从行动上帮助他人。同情别人的行为，不仅是一种良好的品德、高尚的情操，而且是人必备的一种最基本的素质。

很多年以前的一个寒夜，在弗吉尼亚州北部，一个老人等在渡口准备乘船过河，寒冷的冬季的霜雪已使他的胡子像上了一层釉。看来他的等待似乎是徒劳的。寒冷的北风把他的身体冻得麻木和僵硬了。

突然，沿着冰冻的羊肠小道上由远而近传来了有节奏的马蹄声，他怀着焦急的心情，打量着几个骑马的人依次从他身边过去。待最后一个骑手经过他时，老人站在雪中僵直得像一尊雕像，就在将要擦身而过的一瞬间，老人突然看着那人的眼睛说："先生，您能否让一个老人和您乘一匹马共行？您知道，单凭用脚走，人是很难通过这一段路的。"

骑者勒住了自己的马，回答："确实是这样，上来吧！"看见老人根本无法移动他那冻得半僵的身体，骑手跳下马来帮助老人上了马，骑手不仅把老人驮过河，而且送他到了他要去的地方，那里有数英里远。

当他们走近一座小而舒适的村舍时，骑手的好奇心促使他问道："先生，我注意到你让其他几个人过去而没有请求帮助，而当我经过时你却留住我借用我的马，我很奇怪这是为什么，在如此一个寒冷的冬夜，您却等待在这里并截住最后一个骑手，如果我拒绝您的要求并把您留在那里，结果会是什么？"

老人慢慢下了马，以一种惊奇的目光看着骑手，回答说："我已经在这里等了一些时间，但我以为我知道谁更有美好的品德，"老人继续道，"我仔细观察了那几位骑手，立即便看出他们没有关心我的处境，这时候就是我求他们帮忙也无济于事。但是当我仔细一看您的眼睛，仁慈和同情之状是相当明显的。我知道，当时当地，您的友好态度使我得到了这样一个机会，使我在最需要的时候能够得到帮助。"

那些暖人肺腑的评价深深地触动了骑手，"您的评价把我形容得太伟大了，"他告诉老人，"可能我以前在自己的事情上过于忙碌，所以我对需要安慰和怜悯的人帮助太少了。"

说完这些，那名骑手——托马斯·杰斐逊调转马头，踏上了通往白宫总统之位的路。

同情是对他人的一种善意态度。一个人只有拥有同情心，才会懂得珍惜、感恩和关爱。生活在冷漠心态中的人，永远进入不了高层次的精神境界。所以，人不可无同情心，同情心可以使人变得可亲可敬，变得伟大崇高。

同情是人类一种美好的感情，也是人际交往过程中应该具备的，人与人之间只有相互同情、相互关心，家庭才会充满温馨和关爱，社会才能融合成为一个和谐的大集体。卡耐基曾说："你明天要遇见的人，有四分之三为了同情而饥渴。给他们同情，他们就喜欢你。如果你拥有某种权力，那不算什么；如果你拥有一颗富于同情的心，那你就会获得许多权力所无法获得的人心。"同情心是一种重要的人格品质，具有同情心的人不仅能从事对社会有益的事，更能得到人们的喜爱。

心理学研究表明，同情心自人出生时就开始慢慢地形成，婴儿在听到其他婴儿啼哭时就会难过，甚至也会跟着哭起来，这是人类同情心早期的表现，而且应该说这是多数人开始就具有的一种本能，但个体差异很大，后天的环境对此影响更大。也就是说，如果不注意保护和培养的话，早期的这种本能也可能出现丢失或存在走向反面的危险。父母对孩子同情心的培养具有重大的作用。

有一位从贫穷的山区来到大城市读书的大学生，为了解决学费，他偷偷地利用周末做起文具商品的推销人。他的性格比较腼腆，不善言辞，一个月下来，几乎没有得到什么报酬，失望、沮丧使他陷入了非常痛苦的境地。他不知道自己在这种境遇中能否坚持完成学业，因为家庭到底有多少经济承受力，他自己心里清楚，年迈的父母和正在读书的弟弟、妹妹，由于他的拖累会更加困苦不堪。他心里暗暗下定决心，再做一个月的推销员，如果还不能挣到自己的学费，就退学出去打工，挣钱养活自己。在那个月的每一个周末，他疲惫不堪地奔走于一幢幢居民楼、学校、办公楼之间，而带给他的仍然是深深的失望。有一天晚上，他想最后再敲一家住户的门，如果还没有一点收获的话，他就要放弃努力。他紧张地、怯怯地摁响了门铃，出来开门的是一个中年妇女，她慈爱地问他做什么时，他语无伦次地说明了自己的来意，站在那位妇女身后的一位像初中生模样的小女孩，热情地把他拉进屋，要把他手中提的所有的铅笔、钢笔、圆珠笔一并买下，而那位妇女也没有什么反对的态度。他有点兴奋，有点感激，也有点莫名其妙，买这么多笔干什么？疑问使他意识到：是不是这家人同情他的狼狈模样才这样做？那位妇女和女孩似乎看出了他的犹豫，就和善地说："进屋坐会吧。"他说："不坐了，这位小妹妹没有必要买这么多笔，就买一支吧！"那位中年妇女却说："不客气，进屋坐吧，我有话和你聊聊。"没有想到那一天，他的生活整个发生了变化。那位妇女原来在公司办公室里见过他去推销文具，知道他是一位生活困难的大学生，就建议他不要再推销文具，让他辅导她的孩子学习，每月可以有几百块钱的收入。从此，那个大学生就安心自己的学业，后来成为一个很出色的学者。每当他想起这段往事的时候，他都会默默地感谢那对富有同情心的母女俩。

同情心是一种非常珍贵的感情，它主要表现为对别人痛苦的关心和安慰。这种感情对于孩子个性的健康发展尤其是情感的发展，以及良好人际关系的建立有着非常重要的意义。苏联教育学家苏霍姆林斯基认为："同情心的培养需要从童年开始，因为如果在童年时代没有受到善良情感的教育，以后就再也不能在他们身上培养起这种情感。儿童一旦失去这样的时机和教育，其童心就可能走向邪恶。"因此，家长要重视孩子同情心的培养。

1.教孩子体验别人的感受

让孩子去体验别人的感受，就是让孩子"角色互换"。让孩子设想自己就是那个不幸者，体验不幸者所有的感受。华盛顿大学的斯托特兰德博士通过研究发现，鼓励孩子去想象别人的感受，或是设身处地为他人着想，会增强孩子的同情心，也会让孩子在不知不觉中成为一个心中充满爱的人。

有一个孩子，天生残疾，他走路的时候需要用两支拐杖支撑着身体。但是，他每天上学的时候，都会受到那些坏孩子的嘲笑、欺负，于是，他渐渐变得冷漠、孤独。

一天，这个孩子的父亲在雪地里捡回一只被冻僵的小狗，小狗趴在他的脚边，瑟瑟地发抖。但孩子并不喜欢那只脏兮兮的小狗，他用拐杖把小狗赶了出去，小狗没有地方可去，就趴在门外面哀伤地嚎叫。

父亲听到了小狗的叫声，就知道发生了什么事。于是，他来到孩子的房里，与他攀谈起来。当他听说孩子经常在学校被人欺负的时候，他说："那些孩子为什么要欺负你？"

孩子说："因为我的腿有残疾，我打不过他们，所以他们才敢欺负我。"

父亲说："他们很强，而你却很弱，所以他们才能欺负你。可是现在，你很强，小狗却很弱，你为什么不同情它反而还欺负它呢？"

孩子听了父亲的话，他低下了头，眼里含着泪水。过了一会儿，父亲看见孩子把小狗抱回来，把它放在火炉旁边，孩子亲昵地抚摸着小狗，小狗用舌头舔着孩子的小手。

后来这个孩子成了一位著名的医生，受到了人们的尊敬和爱戴。

当他晚年的时候，他对他的孩子讲述了这个故事。他说，就是那只小狗让他看到了爱的力量，是他的父亲使他学会了人一生中最可宝贵的本能——人类同情心的美德。

由此可见，让孩子学会体验别人的感受，不仅能培养孩子一颗美好善良的心灵，更能让孩子具备良好的教养。

当孩子的言行可能伤害到别人，给别人带来烦恼的时候，家长可以抓住这个教育契机，告诉孩子注意自己的言行，因为如果自己有同样的遭遇，也一样会受伤、会不高兴。这样就会培养孩子照顾别人感受的自觉性，同时也会让孩子学会换位思考，从而懂得体谅别人、尊重别人。

2.教孩子爱护小动物

6岁的琳琳是一个可爱的小女孩。一天，她跟爸爸一起在公园里游玩儿。忽然传来小鸟的叫声，琳琳惊叫："一只小鸟！"他们走近一看，是一只麻雀在水塘中挣扎。爸爸急忙把它捞上来，琳琳用手绢擦干小鸟身上的水，爸爸捧起小鸟，父女俩急忙往家里赶。

到家后，父女俩找来纸盒，铺上报纸，垫上棉花，在阳台上帮小麻雀建起了临时的窝。琳琳还在旁边放了些水和米，小麻雀渐渐地恢复了体力，开始扑棱翅膀。琳琳情不自禁地想再去摸摸它时，麻雀竟腾空而起，在阳台上盘旋，不肯落下。琳琳既高兴又有些失落，刚才还很乖的小鸟，转眼就无法亲密接触了。于是她央求爸爸把小鸟抓住，买个笼子养起来。

爸爸问女儿为什么要这样，女儿说外面冷，而且小鸟很可能还会掉到水塘里。爸爸为女儿的同情心所感动，抚摸着她的小脑袋说："你这样关心、爱护小鸟，小鸟听了都会感动的。可是如果我们把小鸟抓住，关在笼子里，它会不快乐的。""怎么会不快乐呢？我会天天喂它米、喂它水，还会陪它玩儿。""傻孩子，假如你是小鸟，当你失去了爸爸妈妈，远离了小朋友、小伙伴，孤孤单单的，无法跟其他小鸟一起唱歌，无法自由飞翔，就算有吃有喝，你会觉得快乐吗？""不快乐。""你会觉得幸福吗？""不幸福。""是啊，外面虽然冷，可那是小鸟的世界、快乐自由的世界，我们放它回家吧。"

于是，父女俩打开阳台窗户，目送小麻雀飞走了。

苏霍姆林斯基说："从一个孩子如何对待鸟、花和树木的态度，可以看出他的道德水准。"有调查表明，在日常生活中，爱护小动物的孩子，绝大多数都具有强烈的同情心；而残忍对待小动物的孩子，均具有强烈的攻击性，缺乏同情心。所以，应从小培养孩子爱护小动物的良好品德，严厉纠正孩子残酷对待小动物的行为。

生活中，父母可以经常带孩子到动物园、自然博物馆、水上世界去参观动物，或让孩子饲养小动物，让孩子懂得动物是人类的朋友，这样就可以有效地减少孩子对小动物的残忍行为。

3.发挥好榜样的作用

家庭是孩子学习和生活的主要场所，父母是孩子的第一任启蒙老师；父母的榜样力量是无穷的，它是一种无声的有效的教育方法。如果家长经常给予其他人帮助，孩子就会去模仿家长的行为，家长是孩子最早模仿的对象。但有些父母对别人的困难总是无动于衷，他们不欣赏也不理解孩子的同情行为，怪他多管闲事，久而久之，孩子也就感觉不到人间珍贵的友情，幼小的同情心就这样在无形之中被扼杀了。

某所高校举行一次募捐活动，一个二年级的男生拒绝捐款，后来在好友的劝说下，极不情愿地捐了10元钱。当别人问他为什么这么缺乏爱心时，他非常不屑地说："为什么要我捐款呢？他们可以靠自己呀，我也很穷，谁来给我捐款呢？"听起来，这话似乎也不无道理，但是却反映了他对别人的冷漠。后来，他说，从小时候开始，母亲就教育他，对于那些靠别人帮助过日子的人，不要去同情他们，人都应该靠自己生活。他还记得，有一次因为自己给了路边一位行乞的老大爷几块钱，母亲把他骂了个狗血淋头，从此以后，他就再也不敢去帮助别人了，以至于长大后，他变得越来越冷漠。最后，这个男生因为没有朋友，觉得生活没有意义而患上了抑郁症，在一个没有人知道的夜晚自杀了。

这位男生的母亲悔恨不已，她说自己怨恨这世界，所以就教育孩子不要去同情别人，她以为这样做可以让孩子学会独立，可是没有想到却害了儿子。

孩子同情心的建立，在于榜样的作用。尤其在日常生活中，父母的言行是孩子首选的模仿对象。孩子缺乏同情心，或多或少能从父母身上找到原因。比如，上例中提到的孩子不愿意参加捐款活动，他说出了自己的理由，孩子曾经出现过的同情心被家长无意识地遏止了，使得孩子产生了"妈妈不让我给"或"妈妈会骂我的"等心理。所以，家长是孩子的一面镜子，若要让孩子能富有同情心，家长的榜样作用是极为重要的。

第六章
协调各方关系，
不断提升孩子的
社会能力

改善孩子的人际关系，从改善亲子关系开始

亲子关系，简单地说就是父母和孩子的关系。亲子关系是人生中形成的第一种人际关系，也是家庭中最基本、最重要的一种关系，对孩子的社会认知、情感和社会行为的发展具有决定性的影响。

美国精神分析学家曾经跟踪过一群在孤儿院成长、无法跟妈妈建立亲密关系的孩子。这些孩子年幼时不仅不能跟其他小朋友一同愉快而顺利地做游戏，还爱缠着成人，与人合作爱发脾气，注意力也很差。这些孩子长大后常常在人际交往中遭遇各种困难，几乎无法与别人建立富有意义的人际关系。

良好的亲子关系是孩子人际交往能力发展的基础。对于孩子来说，亲子关系是最有意义、最亲密的一种人际关系。亲子之间的相互作用和情感关系将会影响到孩子对以后社会关系的期望和反应。良好的亲子关系能够使孩子感觉到被爱，被欣赏和接受，奠定了孩子在社交环境中良好的适应基础，更愿意参加社交活动，愿意与人友好地相处，良好的亲子关系有助于培养孩子对人际交往的兴趣，形成孩子活泼开朗的性格；亲子关系冷淡的家庭，孩子在无爱的环境中成长，容易对人冷淡、不容易相信别人，很难融入到社会交往之中。

在老师眼里，周华是一个优秀的学生，有思想、有主见、爱好广泛，学习成绩一直稳中有升。

可是周华的爸爸一直在做生意，很少在家，但望子成龙的爸爸回家只要一看到周华出去，就批评他贪玩、踢足球、不用功学习。周华很伤心，因为他有自己的想法，踢球也是在功课都预习好了才去的，而且踢球还能锻炼身体。周

华试着和父亲说明这些，可是爸爸根本就不听。这样一来，周华也就不愿意和父母进行沟通和交流了。

当周华的妈妈觉察到这种情况后，就在周华还没有要求的情况下给周华买了一双球鞋和几本小说。并经常在周华学习完后，或者是吃饭的时候，和孩子聊足球和书中的内容。渐渐地，周华从妈妈的话语和行为中感觉到妈妈对于他踢足球和看课外书是完全理解的，也就愿意和父母沟通了。

在这个事例中，爸爸没有和孩子建立良好的亲子关系，而妈妈却通过与孩子谈他感兴趣的话题，消除了孩子和父母之间的隔阂，建立了良好的关系。所以，作为父母，要接近孩子，花时间和孩子聊天，进行感情投资，让孩子感受到你对他的了解和关心。同时父母也要学会倾听，并做出积极反应，使孩子觉得自己受到父母的重视，并感受到父母爱心的支持，这种感情的交流，就会使孩子产生亲切感，从而进一步提高亲子关系。

而家庭关系融洽、亲子关系亲厚，让孩子在爱的环境中，有被关爱、被需要的感觉，那么孩子多数会有良好的人际关系；假如孩子一直在不和谐的亲子关系中成长，那么孩子多数会不信任他人，没有令自己满意的朋友关系。所以，良好的亲子关系对孩子的人际交往有重要的作用。

遗憾的是，很多父母意识不到亲子关系的重要性，常常将亲子关系搞得剑拔弩张，十分紧张。其实，亲子关系也是一段需要维稳的人际交往，它是孩子一生转变的关键，也是将来他们踏入社会，接人待物的基本依据。要想提高孩子的人际交往能力，别忘了重视你与孩子的关系。

1.创造和谐的家庭氛围

家庭环境是保证孩子健康成长的一个重要条件，也是家长和孩子建立良好的亲子关系的一个前提条件。这是因为，在良好的家庭环境下，家长和孩子之间能够进行良好的沟通、交流，互相得到尊重和理解，为双方的交流奠定了基础，有助于双方建立良好的亲子关系。所以，为了和孩子建立良好的亲子关系，家长还要为孩子营造一种温馨和谐的家庭氛围。

我国著名作家、儿童文学家的冰心是在温暖和谐的家庭中成才的，她从小沐浴在海洋般深沉的父爱、母爱里，还享有丰厚的手足之情。她与三个弟弟之间感情深厚，他们常常在一起谈天说地，谈古论今，游戏嬉闹。冰心童年时代的处境，确实是难得的，它使小冰心一直沐浴在爱的家庭氛围中，使这个聪颖过人、才思敏捷的小姑娘形成了善良的心地和温柔、文雅的性格。如果说"五四"时代铺就了冰心一生的道路，形成了她文学创作的丰收，那么，她这个家庭的温暖和谐，就是她获得这些成就的最为重要的原因。

冰心的家庭给我们一个重要的启示：应重视家庭生活，努力营造温暖和谐的家庭气氛。

家庭和睦美满是孩子健康成长的基本前提。父母应该非常精心地营造一个令孩子身心健康成长的家庭人文环境。和睦温馨的家庭，会使孩子感觉到温暖，家对他有一种吸引力，让他愿意在家里待着。在这样的家庭里，孩子心理发展会更健康。所以，父母应该以自己的言传身教以及在生活中创造出来的每一个生活细节，让孩子沐浴在一派和谐、文明、健康、宽松的家庭气氛中。

2.多沟通和陪伴孩子

无论多忙，每天都要抽时间陪伴孩子，在家长身边的孩子是最快乐的，陪伴也能够促进亲子关系良好发展。

周涛是一个小学五年级的学生。在学校里，他是个出了名的"小霸王"。上课不认真听讲，还经常和同学打架，老师们都拿他没办法。他的朋友也很少，经常在学校里独来独往。

原来，周涛的父母在他6岁时就离开家乡外出打工了。只有每年的春节才会回家，年幼的周涛只能和爷爷奶奶一起生活。爷爷奶奶年纪大了，他们不懂得什么家庭教育，只知道让孙子每天吃好穿暖。

没有父母在身边，周涛的学习无人监督，渐渐地就懈怠了，开始逃课上网。老师打电话把这些情况告诉了周涛的爷爷奶奶，爷爷奶奶知道后却无能为力。远在外地的父母得知孩子的情况后虽然心里着急，但是又不能请假回家，所以也只能拜托老师和学校多加管教。

逃课上网后，周涛更加不爱学习，脾气也很暴躁，经常和同学们打架。学校多次警告周涛，却总是收效甚微，最后没有办法，只能把他开除。

故事中的周涛是个可怜的孩子，他变得脾气暴躁和难以管教，这和平时缺少父母的陪伴是有很大关系的。

孩子的成长是离不开父母的陪伴的。很多父母为孩子创造了优越的物质环境，却忽视了给孩子营造丰富的精神世界。这其实是家庭教育中的误区。实际上，孩子的健康成长并不是单靠物质，他们更多的是需要父母的关爱，需要父母陪伴，需要父母和他们一起成长。所以，别以"忙"或"没时间"为借口，放下无尽的工作和应酬，多陪陪孩子，多和孩子交流、嬉戏，陪孩子一起成长，那便是最好的教育。

3.尊重孩子，做孩子的朋友

人与人之间的交往需要在思想上和感情上平等交流，无论是蹒跚学步的孩子，还是已经上学的孩子，都有这种渴求。平等，不仅大人之间需要，大人与孩子之间也需要。而且孩子本身就是一个独立的个体，有自己的思想、自己的人格和尊严，他们都希望父母能够给予他们尊重和平等。美国精神病学家威廉·哥德法勃曾经说过："教育孩子最重要的是要把孩子当成与自己人格平等的人，给他们以无限的关爱。"只有和孩子平等相处，才能做到尊重孩子，为有效的亲子沟通铺平道路，才能和孩子成为朋友。

14岁的李敏与妈妈的关系很好，两人无话不谈。一天晚饭后，李敏问妈妈："假如爱情和事业只能选择一个，你选哪一个？"妈妈心里一惊，14岁的小姑娘怎么问了一个成年人的大问题？看来得认真对待，妈妈说："我选择爱情，有了爱情才会有温暖的家，即使事业不成功，也有个避风雨的港湾哪。"哪知李敏竟然胸有成竹地表示："我选择事业，事业成功了，爱情自然会来。"妈妈思忖着说："事业成功的喜悦也该有人分享啊……"

"可是，爱情太麻烦了，我不喜欢唯唯诺诺的男人。"李敏反驳道。

一语道破天机，妈妈知道女儿一直暗暗和一位男生关系忽冷忽热，并且她正为这似断非断的关系而烦恼。这不，自己就嫌烦了，妈妈又不便于捅破。于是，妈妈借用了一句歌词自编自唱："爱情这东西，拥有了好麻烦，没有了又拼命想，来早了添麻烦，来晚了又着急，不早不晚最香甜哪。"李敏会意地笑了。

这真是一个开明、睿智的母亲，她学着与女儿交朋友，学着与女儿平等对话，与女儿的心更加贴近了，交流也更容易了。

与孩子平等相处是现代家庭教育的新理念。所以，家长首先要摘下大人的面具，做孩子的知心朋友，细心观察孩子的情绪变化，了解孩子的喜怒哀乐，并与其交流思想；父母不妨遵循"父母=朋友+老师"这样的思维方式，如果孩子能把你当成知己和一面镜子，你们的关系就会融洽一些，相互间的交流也更有效，因为教育本来就意味着伴随和支持。

与异性交往，要把握尺度和分寸

异性交往是人际交往的重要组成部分，也是人类重要的心理需要。据心理学家研究表明：男女生的交往不仅是正常的，而且是日常生活中必须的，这有助于孩子身心健康成长。

随着孩子的心理及生理逐步走向成熟，其独立自主的意识日益增强，但由于生理和心理发展还不够成熟，因此容易在交往中产生各种矛盾、困惑或茫然。众说纷纭，从孩子发展的眼光来看，他们与异性交往是很正常的事情。然而，这种行为在某些人看来影响不太好，有些家长和老师发现孩子与异性交往，或者是与异性的关系稍微密切，就认为大事不妙，甚至干涉他们的交往，严重的就用粗暴的态度来惩罚孩子，可结果往往造成很多悲剧。

一位女孩这样形容自己的父母：

我的父母很怪，他们对我的异性朋友总是特别敏感。

一次历史考试结束后，在回家的路上，我和班上的两位男生同路，谁知吃晚饭的时候妈妈却问我："和你同路的那两个戴眼镜的人是谁？你在左边，他们两个在右边？"我真受不了妈妈这种询问的态度，但我没有别的办法，因为在他们眼里，我已经是个心里有秘密的半大不小的人了。

还有一次，我放学回家的路上碰见两个同年级的男生，大家平时都挺熟的。那天，他们说想到我家去聊聊，顺便认一下门。我答应了。虽然我知道父母将会怎样为难我，可我还是带他们到我家了。路上我跟他们说，要他们对我父母说他们是我的同学，是来找我借书的。我之所以这样做，是不希望又被父母骂，不希望弄得不愉快。到了我家，还好，父母还算给我留面子，没有当时把他们赶走。但是，爸爸不时地到我的小屋里来看看，其实他是来监视我们的。那两个同学也觉得很别扭，没坐一会儿就走了。

我把他们送出门，刚回到家，爸爸就铁青着脸问我："他们是干什么的？"我说是我的同学。他又问："跟你是一个班的吗？"我说不是。爸爸又说："那你怎么把他们招引来了？"我当时就忍无可忍，什么叫"招引"啊？爸爸为什么用这样的语言来挖苦我？那一天，我不知道我是怎么上床睡觉的。

处于青春萌芽期的孩子，从对异性产生好奇发展到喜欢与异性交朋友，这是正常的心理现象，不必大惊小怪。父母心里着急，怕孩子走入误区的这种心情是可以理解的。可是在这个社会上，只要不是一个极度自我封闭的人，与异性的交往就是不可避免的。孩子成长的每个阶段都是需要朋友的，家长对待孩子有了异性朋友的事，一定要端正态度，不能一味"上纲上线"，而应进行正确的引导，否则，你越是把它视为洪水猛兽，情况就会越糟糕。

其实孩子与异性正常交往，能促进他们良好的健康成长。同时，他们在与异性的交往中，时常发现某些言谈举止是同伴喜欢的，就把它作为一种鼓励，对这些行为起到了强化作用，从而来提高自身的言谈举止的修养。相反，若是某些言谈举止不能被异性所接受，这样他们就会有效地控制这些不良行为的再度出现。在与异性的交往中，孩子还会从中积累一些生活的经验，总结一些社交技巧，学会了日常生活所必需的知识、技能和态度，意识到自我存在的价值，学会把握与人们平等相处和竞争，从而，为以后立足于社会奠定了良好的基础。

李老师的女儿刚刚步入青春期，一次偶然的机会，她读到了女儿的日记，见女儿这样写道：他和我同岁，小时候他是个调皮的男孩，和他在一起也只是打打闹闹。可如今，他长得比我还高了，那天放学一道回家，才发现原来他是那么帅，也变得很有礼貌了，从此，我的眼前老是晃动着他的身影，做作业时，我也忽然想起他，以至于爸爸跟我说话也没有听见！上课老师讲什么，我也没有听见，因为我总是将目光移向他在的位置，我真想天天和他待在一起。我这是怎么了？这样下去怎么能专心致志学习呢？

女孩日记里的那个男孩是李老师邻居的儿子，显然，女孩是陷入了一场少女的幻想中。当时，李老师并没有生气，也没有觉得这是一件多么不得了的事情。从那以后，她开始时时注意女儿的情绪和动向，像一个大朋友一样，主动和女儿聊一些学校和班级里的趣事及那个男孩。有的时候，甚至直接这样说：

"我看咱们对门那个小男生很帅啊，学习又好，我觉得你们以后可以多多在一起补习功课。"或者说："××（那个男生的名字）真棒啊，这次考试又拿了全年级第一，你要多向人家学习哦！"

一开始，李老师的女儿还绯红了脸，但经过李老师多次的暗示和引导，她的女儿渐渐将自己的心思收回到学习上，和那个男生的相处也趋于正常，在以后的日子里并没有跨越友谊的界线。

青春期是一个情窦初开的季节，父母心里着急，怕孩子走入误区的这种心情是可以理解的。可是在这个社会上，只要不是一个极度自我封闭的人，异性的交往就是不可避免的。孩子处在成长的阶段，只要孩子自己觉得能谈得来、关系融洽，能从对方那里学到东西，不论是同性朋友还是异性朋友，家长都应支持他们之间的友谊和正常交流。

据心理学家调查，在那些成功人士的成长经历中发现，青春期广泛交友，不但能促进性格开朗、活泼，而且还具有积极进取、乐观向上的心态，还具有很强的自制力，情绪也相当稳定。可以说，异性交往不仅可以使男生与女生之间性格上互补，还有助于他们健康地成长。所以，家长应该鼓励孩子与异性正常交往。如果发现孩子出现异性交往障碍，还要及时给予孩子指导和帮助，让孩子拥有健康的异性友谊。

1.鼓励孩子与异性正常交往

孩子的交往往往是凭直觉进行的，是纯洁和美好的，对这种友谊父母应当格外尊重和鼓励。让孩子与异性自然交往，告诉孩子不要把异性视为特殊对象而感到神秘和敏感，形成一种人为的紧张和过分激动的心态，也不必因对某个异性有好感，愿意与之交谈、接触，就认为自己爱上了对方，或以为对方对自己有情，错把友谊当爱情来追求。父母也不要把青春期的异性交往看作是"早恋"，是一种"错误的要求"或"会闹出乱子的坏事"，更不要想办法去"制止""拆散"。家长可将自己少年、青年时期的经验教训说给孩子听，同时要教给孩子必要的生理和性科学知识，让孩子一方面大大方方地与异性交往，一方面增加理智的意识，鼓励他们与异性正常交往。

2.教孩子如何与异性正确交往

要引导孩子与异性恰当地交往，家长还需要教会孩子一些与异性交往的知识。异性交往过程中，家长要告诉孩子，如果有异性同学约他（她）一同参加某项活动，如听音乐、看电影、观画展、逛书市，这是正常的、公开场合的两性交往，完全可以大大方方地赴约。女孩应端庄、坦荡，不使对方产生误解和非分之想；男孩要沉稳庄重、尊重对方。假如两人互有好感，相处愉快，约会的次数增多，每次约会的时间延长，直到两人难分难舍，恨不得每时每刻都和对方在一起，这时，一定就要注意适可而止，不能占用对方太多的时间，不能因为两人的约会，使一方或双方无法集中精力学习，无暇与家人、同学、亲友相聚。家长要教育孩子必须有所节制，减少单独在一起的次数、时间，见面时多谈谈学习上的事情，使双方的感情降温。

异性间交往过分拘谨固然令人生厌，但也不可过分随便，诸如嬉笑打闹、你推我拉之类的举止应力求避免。须知异性毕竟有别，有些话题只能在同性之间交谈，有些玩笑不宜在异性面前乱开。此外，异性交往时要注意自尊自爱，言谈举止要做到庄重文雅，切不可勾肩搭背、搔首弄姿、卖弄风情。因为过分的亲昵，不仅会使你显得轻佻，引起对方反感，而且还易造成不必要的误会。

3.为孩子营造宽松的交友环境

有一位父亲的教育经验是这样的：

一直以来，我给儿子创造的都是一种宽松自由的交友环境，我希望他能结识各种各样的朋友，但前提是这些朋友都或多或少地能给他一些正面影响。不过，儿子进入青春期之后，我发现他经常和一个女孩走得很近，甚至有一次我下班回家看到他和那个女孩很亲密。儿子似乎也觉察到我已经知道了他的"秘密"，所以他总是躲着我，于是我找了一个合适的机会对儿子说："老爸一点都不反对你交朋友，只要你学习成绩不下降，能够像个男子汉一样负起责任，我会很支持你！"儿子听完我的话之后，原先的尴尬和忐忑都没有了，他开始更努力地学习，而且感情问题也处理得很好。

青春期男孩女孩之间的爱慕之情，是一种很自然、纯洁的情感流露，但是并不是严格意义上的"恋爱"，不过，大多数青春期孩子都常常误以为自己对异性的倾慕是"爱"。所以，面对这种情况，家长应该为孩子创造一个宽松的交友环境，让男孩与女孩在交往中建立友谊，进而破除孩子心中"男女之间的交往就等于恋爱"的狭隘观念。

学会和老师相处，营造和谐的师生关系

老师是孩子生活路上的指引者和启蒙人。一个人从小学到大学十几年的学习生活，一刻也离不开老师的帮助和教诲。孩子能否积极主动地与老师交往对他的成长有着重要的意义。

有一位语文老师说过这样一件事：

一天，我与两名学生一起从办公楼上下来，即将走出楼门的时候，她俩突然停住不往前走了，我发现她俩迅速交换了一下眼色，然后对我说："老师，您先走，我们还有点儿事。"话音未落就往后跑，一溜烟的工夫就在楼梯口消失了。当我醒过神来，看见她们的班主任正好走进大门，我这才恍然大悟，原来这两个孩子惧怕自己的班主任。

表面上看起来，这两名学生是惧怕老师，其实是对老师的一种无形的抵触情绪在起作用，由于她们是女孩子，表现得不那么明显和直接罢了。

有一项在全国进行的调查，问到小学生"你是否想和老师做朋友"时，有近一半的小学生表示"想"，甚至希望老师是知己。但事实上，真正和老师做朋友、做知己的孩子是很少的。即便有些孩子在课堂上可以和老师进行很好的互动，但是下课之后就变得很生分。这在一定程度上，可能和孩子从小就被父母教导"要想成为好学生，就要尊重老师""到了学校，你一定要听老师的话"等有关。这样孩子在潜意识中就会把自己和老师的身份进行定位，认为老师的身份不单单是课堂上的"传道、授业、解惑"，而是很神圣、很伟大的人，使得孩子对老师产生了敬畏心理。即使老师主动和他们交流，交朋友，孩子心中仍有顾忌，小心翼翼，不敢越雷池半步。而老师要面对班里每一个学生，他不大可能照顾到每一个学生，孩子不主动的话，良好师生关系就很难发展了。

师生之间的关系与交往状态如何，在一定程度上会影响孩子人格的发展及以后的人际关系。事实上，害怕与老师交往。这对孩子的成才很不利，如果孩子能协调好与老师的关系，主动地与老师交往，则对于孩子的学习、成长都有重要的意义。

跟老师搞好关系，是孩子在校园生活的基础。在现实生活中，真正与老师关系很僵的学生只是极少数。作为父母，为了使孩子维持与老师之间的良好关系，很有必要教育孩子如何与老师相处。

1.对孩子进行尊师教育

自古以来，尊师重教就是中国的传统美德，"善之本在教，教之本在师"。教师是知识、伦理道德、价值观念的传授者，在社会上承担着"传道、授业、解惑"的责任，理应受到尊重。孩子的学业进步和健康成长与老师都息息相关，所以家长应当教导孩子学会尊重老师。比如，在孩子面前不能随意地对老师说三道四，讲有损老师尊严的话，议论老师的各种短处，发泄对老师的不满情绪，要以适当的方式充分维护老师的威信。如果老师的确有不妥之处，家长要引导孩子全面地认识和评价老师的工作,不能因为老师说话不全面、处理问题不当、态度不好等,就对老师疏远,甚至不服从老师的管理。在某一个问题或某一件事上,家长与老师可能有不同看法和意见,这时候,要避开孩子和老师交换意见,而不可以当着孩子的面各执一词。

2.教育孩子主动与老师交往

在学校里,一位教师要面对许多的学生,他有时可能应接不暇,因此难免对学生照顾不周,体察不到某个学生想与老师沟通的需要。如果学生主动向老师"进攻",把埋在心里的事情袒露出来,有困难向老师求助,学习上遇到难题向老师请教,主动与老师探讨人生哲理,是能够得到老师的帮助、理解和信任的。家长应教育孩子争取主动,别错过与老师交谈、探讨及向老师请教的机会。只有这样才能真正与老师交朋友,才能更快地进步。

3.帮助孩子消除师生之间的摩擦

人与人之间发生误会是很正常的,老师和学生之间的摩擦和误会更是时有发生,但要记住,小摩擦处理得好,可以"化干戈为玉帛",处理不好,就会留下"隐患"。因此,家长应引导孩子正确对待老师的误解,积极地消除师生间的误会,切莫因家教方法不当,使这种误会愈演愈烈。

一位初一的学生放学回家对父亲抱怨说:

一次上课,我无意识地转动圆珠笔时,不小心把笔掉在了地上,我弯腰去捡笔却又把铅笔盒碰掉了,响声很大。老师批评我不认真听讲,让我写检查保证不再犯。我心里不服气。碰掉铅笔盒又不是我故意的,为什么对我这样严厉?

父亲听到孩子的抱怨后是这样教育孩子的:

学校是学生集中的地方,每个同学都必须严格要求自己,否则学校正常的秩序就难以维持。老师不仅要有教书的责任,而且还要有育人的责任,而严格要求正是老师对学生关心爱护的体现。老师既是慈母又是严父。

人们常说"严师出高徒"，许多有成就的人都是在老师的严格教育下成才的，所以，他们一直到老都不忘儿时老师的教导。如果你上课不认真听讲，老师装作没看见；让你背课文，你没背过，老师也不检查；作业没做完或做错了，老师也不检查纠正，这样长期下去，你的学习会好吗？10年后在你走上工作岗位，回忆起初中阶段的学习时，你肯定会说，当时的老师是多么不负责任。

现在来看你讲的情况，听课时手里玩东西是一种不良习惯，而你又碰掉铅笔盒，响声肯定影响了其他同学听课，这就更不对了。难道老师不应该批评你吗？如果全班50名同学都像你这样，那课堂不乱了套，老师还怎么讲课，学生还怎么听讲！上课不做任何与学习无关的动作，这是学生应遵守的纪律。而通过写检查可让你更深刻地认识到自己行为的危害，下决心纠正自己"无意识地"玩东西的不良习惯。这是对你自己、对大家都有益的事情啊！希望你好好想想，做一个遵守纪律的好学生。

从这个事例可以看出，当师生之间产生矛盾时，家长一定要求孩子冷静地客观分析，避免主观猜测、感情用事。一般来说，老师和学生间产生矛盾或误解都是由学习活动引起的。老师都希望学生喜欢自己教的课程，希望学生都能把他教的这门功课学好。老师围绕着学习所进行的批评动机都是善意的，也都是对孩子的高标准要求。但有的老师批评孩子时也会出现些失误，在事实上有些出入，从而引起孩子的抵触情绪。被批评的孩子会认为老师是看不起自己或故意和自己过不去。遇到这种情况，父母一定要教导孩子依据客观事实进行分析，看老师到底有什么看法，不能只凭主观就得出老师对自己有成见等结论。好好想想，老师是教知识的，学生是学知识的，老师无论提出什么批评都是针对学生的学习状况展开的，又没有个人的恩怨，怎么能产生成见呢？如果孩子们能这样客观分析，就会消除偏见，增进师生间的沟通。

4.教导孩子虚心接受老师的批评

常言道：严师出高徒。老师批评学生的动机与出发点都是为了学生好，即使有些方法言辞欠妥，学生也应学会理解老师，正确对待老师的苦心。因此，父母应教导孩子真诚地接受老师的批评。虚心地倾听老师的意见对孩子只有好处，不会有什么坏处的。老师的批评或建议是有分量的，他既有当过学生的经历，又有面对学生的实践，所以老师的忠告是一种精练的新认识，既能纠正孩子过激的观点，又可以帮孩子找到一条切实可行的道路。另外，在老师的心目中，总是很偏爱那些善于接受批评的学生，因为其诚挚的态度会让老师感到一种尊重。只要孩子的行为在接受忠告后稍微做一下改变，老师就会有一种成功的喜悦。这是长辈们的普遍心理，他们会觉得在孩子的成长道路上自己起到了十分重要的作用。

正确处理与他人的冲突和矛盾

在与他人相处中，孩子间难免会出现争吵、误会、冲突、打斗等情况，是很平常的事，家长不用处处设防或参与其中。从某种程度上看，这并不是一件坏事，它可以让孩子在其中从不同出发点细致地考察问题，从而了解自己行为造成的后果，及理解他人的想法，然后协调自己的行为与他人的认识，学会与他人交往、解决问题的方法；最终克服自我中心的心理倾向，学会尊重、理解、宽容他人。

一天，妈妈接刚读小学二年级的欣楠放学回家。

在学校门口，妈妈看到欣楠正在流眼泪，妈妈连忙问她怎么回事。只听欣楠委屈地说："妈妈，我书包上的小熊让班里的男同学抢走了。"听了欣楠的话，妈妈又心疼又生气。第二天，妈妈就找到欣楠的班主任老师，让他帮欣楠把小熊拿回来，并提出要求让老师狠狠地批评那个男同学。欣楠的小熊失而复得，她非常高兴。

可是，没过多久，她和同桌发生了矛盾，同桌一气之下把欣楠的文具盒摔到地上，文具盒摔碎了。欣楠又哭了起来，最终还是让妈妈帮自己讨回了公道。

渐渐地，欣楠对妈妈产生了依赖心理，遇到什么问题总是想着让妈妈帮自己解决。久而久之，欣楠习惯了让妈妈帮自己解决问题，即使给老师打电话请假、向同学要回借出的东西等这样简单的小事欣楠都会让妈妈帮忙。

看到欣楠解决问题的能力越来越差，妈妈非常着急：照这样发展下去，欣楠将来该如何适应社会呢？

孩子之间难免会发生冲突，有些孩子动不动就将一些芝麻绿豆大的事情向家长告状，此时如果家长及时介入，可能会立即帮孩子解决问题，但孩子们就失掉了可贵的发展机会，少了解决问题的经验积累，也会使孩子产生依赖心理，时间一久，孩子在与他人交往时缺乏主见和独立解决问题的能力，使其在交往中出现障碍，对孩子的心理健康是不利的。

家长应该明白，孩子一旦走入社会，就会面对各种各样的矛盾。当孩子在与他人的交往过程中出现冲突时，是孩子对这些矛盾的最初体验，是孩子交往中的正常现象，没必要大惊小怪，既不要神经过敏，也不要放任自流。在大多数情况下，这种冲突不需要父母的直接介入，最好的方法正如数学家陈景润所言："要让孩子明白自己的事情要自己负责，自己的问题要自己解决。"让孩子勇敢地去面对，学会自己解决矛盾，化解争端进而友好相处。如果父母能够理智地看待这些问题，努力帮助孩子建立良好的伙伴关系，那么，就可以让孩子在社会中接受良好的磨炼，并从中学会如何与人相处。

王浩的妈妈下班回来，在小区里看见儿子与同伴在打篮球，她叮嘱了王浩一声一会回来吃晚饭，就离开了。

刚走到楼门口，就听到球场传来争吵声。妈妈停下来，只看见王浩很激动地对着一个高他一头的男孩子连说带比画，还一个劲地指着边线，好像在说那个男孩出了边线，而对方却不承认。那个男孩也在辩解着什么，还抬手推了王浩一下。周围的孩子，也都站在双方不同立场上跟着争吵。

妈妈走过去，问了一个旁边的小孩，小孩说的跟妈妈想的差不多。对方把球打出边线，还不服裁判的判罚。正吵得不可开交时，高个男孩又开始推搡王浩，由于对方人高力大，居然将王浩推倒在地。

妈妈很想拨开人群去扶儿子，替儿子出气。但她想了想，又忍住了。只见儿子从地上爬起来，一点也不妥协地看着高个男孩，还是据理力争。高个男孩没想到会把王浩推倒，而王浩也没有怪他的意思，自己倒有些不好意思了，于是也很痛快地承认自己不对。双方又言归于好，定个规则，重新开始。

晚饭时，妈妈问王浩摔得疼不疼。王浩很奇怪地问妈妈："你都看见了是吗？那你怎么不来扶我呢，以前遇到这种情况，要是有谁的妈妈在跟前，肯定都会上来制止的，再去告一状。"妈妈笑笑说："我也很想呀，但是你应该学会自己处理问题，对方也许不是想把你推倒，如果妈妈上前制止，也许当时为你出了气，可以后你们就做不了朋友了对吗？你今天处理得很好。"王浩很自豪地说："他最后还向我道歉呢。谢谢你，妈妈。"

人际交往中遇到矛盾是不可避免的，而善于解决交往矛盾，是高水平的合作与交往能力的标志。在这个事件中，王浩妈妈以旁观者的身份在一旁观察他们的一举一动，没有介入孩子们的争吵、帮助解决孩子的冲突，但孩子们却自己和平解决了。所以，当孩子遇到交往矛盾与问题时，应该让孩子迎着问题，自己去主动交涉。事实证明，当我们鼓励孩子自己去解决矛盾时，不仅可以提高他与人交往、辨别是非的能力，还可以使他形成独立自强的性格。

　　蒙台梭利认为，"在一般的情况下，儿童都喜欢自己解决自己的问题。成人如果干涉太早或太多都是会有害处的。"美国心理学家的研究成果也表明，孩子是否能成功解决问题，更多地取决于他的经历而非聪明程度。生活中遇到矛盾是不可避免的，家长从小就应该帮助孩子建立解决问题的意识，培养孩子独立思考、解决问题的能力，这对孩子的长远发展有着重要影响。心理学家大卫·伍德曾说，家长应当充当"脚手架"，为孩子解决问题提供一个框架，让孩子自己动脑筋、想办法去解决。孩子终归会长大，人生的每一步都得他自己去走，父母谁也不可能代替。作为家长，我们更应该多让孩子自己想办法解决问题，协调好人际关系。

　　1.指导孩子如何解决问题

　　孩子们之间出现问题或冲突时，最好把解决矛盾的责任和权利留给孩子。让他们自己学习解决，让他们亲自体验人与人之间的复杂关系。父母应该尊崇成长原则，即让孩子在同伴冲突中成长起来，只在必要的时候给予指导，让孩子逐渐学会如何化解矛盾。

　　有一位妈妈是这样指导孩子解决冲突问题的：

　　儿子上四年级时的同桌颇为调皮，有一段时间，儿子常说同桌欺负他。一开始我并没在意。但有天夜里，我突然听到孩子恐怖的叫喊声，过去一看，只见孩子紧握双拳，蜷缩着身体，像是在奋力挣扎，原来孩子是在做噩梦。后来，有天孩子放学后说："快给我转学吧，他总是欺负我，还给我取了个外号，叫'受气包'。"我意识到这个问题已经很严重了，需要尽快解决，不然的话，会在孩子心里留下阴影。

　　然而转学是一件非常复杂的事情，谈何容易。请老师给孩子调换座位？跟他同桌妈妈反映一下？这些好像都不是什么有效的办法。思前想后，我觉得还是先从查找打人的原因入手，帮助孩子找到对策，争取让孩子自己解决问题。经过了解，原来儿子成绩好经常被老师夸奖，而他同桌则表现不好经常被批评，结果同桌就忌恨儿子。我告诉儿子："你同桌虽然学习不好，但和其他孩子一样，也希望引起周围的人特别是老师的关注。他打你的目的就是想让老师在意他。你尝试着和他做个好朋友试试。"几天后儿子高兴地对我说："我们现在成了好朋友了，他再也不打我了。"

这位妈妈处理孩子问题的方法非常值得学习，当孩子和同桌闹矛盾的时候，她没有主动"拔刀相助"帮助解决问题，而是找出原因后，鼓励孩子自己解决问题。所以，要想锻炼孩子处理问题的能力，有时候，家长只需要做一个出谋划策的"军师"。也就是说，当孩子不知道如何去解决矛盾的时候，我们可以为他出谋划策，引导他用更合理的方式去解决矛盾，然后让他自己去实践。

2.给孩子协调人际关系的机会

当孩子和同伴发生冲突时，父母应该冷静、客观地观察，不要急于干涉，让孩子有充分的时间和空间去发挥自己的能力，尝试着自行解决矛盾。只有让孩子亲身经历这些过程，孩子才能学会如何协调人际关系。

读小学三年级的肖强，放学后在小区里和一群同龄的孩子玩耍。本来几个孩子玩得挺高兴的，可是过了一会儿不知为什么就吵了起来，而且吵得很凶，声嘶力竭。肖强的妈妈在家里听见了，就赶忙跑到楼下。一看，几个孩子正在为了几块瓦片吵架。原来，她儿子的瓦片被同龄的另外一个小朋友抢去了，肖强很气愤，两个人自然吵了起来。没想到，其他几个小朋友偏偏帮着那个孩子和儿子吵架。肖强一看妈妈下楼来了，涨得通红的小脸变成了惨白色，委屈的眼泪一下子掉下来，"哇哇"地哭出了声音。当时，这位母亲真的很生气，她真想训斥一下那个不讲理的孩子。可是，她转念一想，如果孩子吵架大人参与其中，不是太不好看了吗？碍着面子，这位母亲说："儿子，咱们回家去，不和他玩了！"谁想到，肖强偏偏不回家，非要把瓦片要回来不可。这位母亲说："几片破瓦，有什么好玩的！回家妈妈给你买好吃的。"肖强仍然不干。妈妈只好又把目标转向那个抢瓦片的孩子："小朋友，你把瓦片还给他吧，好吗？阿姨相信你是个好孩子！"可那个孩子也不买她的账。这位母亲一看自己连几个小孩子都安抚不了，一气之下说："儿子，你回不回家？！"肖强把头一拧："不回！""好吧，那你自己想办法吧，我回家了！但是有一条，不许哭，男子汉哭什么！"妈妈一气走了！这位母亲人虽然回家了，但是心思还留在外面。她真的很担心儿子被小伙伴打了。可是，没过一会儿，肖强回来了，不仅要回了瓦片，还笑嘻嘻的。仔细一问，这位母亲才知道，原来几个小朋友又和好了。母亲问儿子用了什么方法，肖强笑："保密！"

让孩子自己解决冲突和矛盾，并不是意味着家长可以放任不管。对于一些小问题，可以尝试让孩子自己处理，从而使孩子学会思考，分析问题，做出判断。在这个过程中，家长要特别注意的是，孩子解决问题能力的提高，不是突然的，而是渐进的过程，家长要耐心一些，更要相信孩子处事的能力，要给予其自行解决问题的权利和空间。因此，在发生问题的时候，家长不妨多一分耐心，多一点等待，多给孩子一点空间，孩子从中将收获更多！

团队力量大于个人，培养孩子的合作精神

所谓合作是指两个或两个以上的人为了共同目标或者获得共同利益而自愿结合在一起，相互作用和配合，最终实现共同目标、满足个人利益的一种社会交往活动。

合作是孩子进行良好的人际交往所必备的能力之一。有人曾经问日本的一位小学校长："您办学最注重的是什么？"校长回答说："教育孩子理解别

人，与其他人合作。在现代社会，如果不能与人相互理解和合作，知识再多也没用。"这位校长的话告诉孩子的父母，合作意识与合作能力是孩子的一项重要素质。

合作是人类社会赖以生存和发展的重要组成部分，在未来社会，只有能与人合作的人，才能获得生存的空间，也只有善于合作的人才能赢得发展。著名的潜能大师安东尼·罗宾指出：没有合作，就没有成功。的确，在日常生活中，谁都不可能是一座孤岛，一个人要取得成功，必须学会与他人一道工作，并得到他人的合作。如果他要完成一件大事，那么也需要一支有效的、强大的队伍做后盾。在孩子的世界里，也同样如此。如果一个孩子不懂得与人合作，而是"唯我独尊""孤来独往"，那么，他的生活一定是单调的，他也是一个不受人欢迎的人，因为没有同龄人和他交朋友，没有同龄人和他一起玩游戏、一起讨论学习、一起去郊游、一起参加体育活动。

然而，当今孩子的合作现状是不容乐观的。现在的孩子多数是独生子女，是家里的"小皇帝"，被一家两代甚至是三代人宠着。过度的呵护与溺爱，让很多孩子做事往往以自我为中心，唯我独尊，缺乏团结协作精神。这都是现在孩子心理品质上的弱点，而通过人际交往和孩子间的必要合作，则能够改变和矫治这种不良的心理品质。

琼斯还是个初中生，是学校篮球队的女篮队员。球打得相当不错，身高足以成为学校篮球队的首发队员。除此之外，她的好友玛琳，也是选入大学篮球队的首发队员。琼斯比较擅长中远距离投球，常常一场球打下来能有四五个进球，这也得到了大家的赞赏。

可是，她慢慢发现，玛琳不喜欢她在球场上成为人们注意的中心，因此，无论有多好的投篮机会，玛琳都不会再将球传给琼斯了。琼斯非常生气，可是爸爸对她说："我有一个办法，可以让玛琳把球传给你，那就是你一得到球，就马上传给她。"

　　琼斯没有明白爸爸这番话的深意，很快就要打下一场比赛了，琼斯决心让玛琳在比赛中出出丑。可是，比赛的时候，当她第一次拿到球时，就听到爸爸在观众席上大声叫喊，他的嗓音很低沉："把球传给玛琳！"

　　琼斯犹豫了一下，将球传给了玛琳。她看到玛琳仿佛愣了一下，然后转身投篮，手起球落，2分。这时，琼斯突然产生了一种从未有过的感觉：为另一个人的成功而由衷地感到高兴！更重要的是，她知道她们的比分领先了。

　　赢球的感觉真好！下半场琼斯继续听从爸爸的建议，一有机会就将球传给玛琳，除非这个球适于别人投篮或由她直接投篮更好。通过与别人的合作，这场比赛她们以绝对领先的成绩取得了成功。

　　在以后的比赛中，玛琳开始向琼斯传球，而且还像以前一样，一有机会就传给她。她们的配合变得越来越默契，两人之间的友谊也越来越深。在那一年的比赛中，她们赢了大多数比赛，不仅如此，她们两人也成了家乡小镇中的传奇人物。当地报纸甚至专门写了一篇有关她们两人默契配合的报道。当然，琼斯在比赛中的得分也比以前多了。

　　这次比赛给琼斯留下了深刻的印象，让她体会到了双赢想法的奥妙，通力合作、争取双赢带给她的是震撼和快乐。

　　一个人的能力是有限的，不可能包打天下。即便你是一个非常优秀的人，如果离开了别人的配合，也无法把事情做好。所以，不要过于争强好胜，团结他人共同奋斗，你将获得真正的成功与快乐。

　　在日常的生活中，合作的机会和事例屡见不鲜，而且人们也开始重视和强调通过教育促进人们合作的必要性。在共同学习、集体活动中，孩子们不断地学习并体验怎样才能有效地达到共同目标。所以，父母从小就要强化孩子的合作意识，培养孩子的团队精神，这样才能在将来更好地融入社会。

　　一位老师在讲授《竞争与合作》一课时，让孩子们做了一个游戏。老师在讲台上放了三个啤酒瓶，每个酒瓶里面放入两个比瓶口略小的玻璃球，这两个玻璃球都是用绳子拴住的。然后，老师请了六位同学进行游戏。六位同学分成三组，每两人为一组。他们每人抓住一条绳子，当老师喊开始的时候，每个人必须在三秒钟内以最快的速度将玻璃球拉出来。老师刚喊"开始"，三组同学都行动起来。但是，三组结果却是不一样的。第一组的两个同学都想自己先拉出玻璃球，两人都拼命拉绳子，结果，绳子被拉断了，两个玻璃球还是留在酒瓶中。第二组的两个同学也想自己先拉出玻璃球，但是，他们不如第一组的同学那样使劲，结果，两人没有把玻璃球拉出来，却把酒瓶子拉起来了。第三组同学在规定的三秒钟内，一前一后地把两个玻璃球拉出了酒瓶。老师问他们为什么会成功，其中一位同学是这样说的："我考虑到玻璃球的直径比瓶口只小一点点，如果两人同时拉起，必然会卡在瓶口而无法出来。所以我想让他先把玻璃球拉出来，然后我也就可以顺利地把玻璃球拉出来了。"这位同学深深懂得合作的重要性。

"一个篱笆三个桩，一个好汉三个帮。"人与人之间是讲求合作的，如果合作良好且到位，那么就可以很顺利地解决一些问题。欧洲著名的心理分析家A.阿德勒认为：假使一个儿童未曾学会合作之道，他必定会走向孤僻之途，并产生牢固的自卑情绪，严重影响他一生的发展。所以说，合作能力是孩子未来发展、适应社会、立足社会的不可缺少的重要素质。

人在世上生活，不可避免地要与人合作共事。能否与人合作共事对于孩子能否很好地生存和发展，能否更多地成为社会活动的主体是至关重要的。只有懂得合作的人，才能获得生存空间；只有善于合作的人，才能赢得发展机会。一个懂得合作的孩子，成年后会很快适应社会并发挥积极作用，而不懂合作的孩子在生活中将会遇到很多麻烦和挫折。无数事例表明，懂得合作、善于合作、乐意合作的孩子一般都拥有良好的人际关系，在各种场合都能与他人和睦相处。因此，家长要教会孩子如何与人合作共事。

1.让孩子知道合作的重要性

在日常生活中，有许多行为必须要由两个或两个以上的人合作才能完成，只凭一个人的力量是无法做到的。父母可以向孩子讲述合作的重要性，在潜移默化中帮助孩子确立正确的合作意识，使他们懂得，每个人都是群体中的一员，是平等的，遇到矛盾或困难，只要大家齐心协力就一定能解决它、战胜它。

初中毕业，刘洋以优异的成绩升入省重点高中，开始了寄宿生活。可是开学不到一个月，他便向爸爸提出转学的想法。爸爸再三追问，可是他一脸不耐烦的表情，闭口不答。

于是，爸爸去学校了解了一下情况。老师和爸爸反映，刘洋的学习成绩很好，但是凡事都太争强好胜，太以自我为中心。一次，刘洋和同学一起参加演讲比赛，获得了团体第二名，可是奖状只有一张，两人互相争夺。最后，刘洋一怒之下竟然把奖状撕了，说谁也别想要。平时，他和宿舍其他5个人相处也有很多小矛盾。久而久之，他不受同学欢迎，变成了"独行侠"。

了解儿子的这些情况后，爸爸开展了一连串的行动，让他认识到合作的重要性。

周末，爸爸带刘洋参加了一次拓展训练营。活动期间，父子二人完成一些只有靠大家共同努力才能完成的任务，活动也都很有意思，刘洋玩得很兴奋。当教练讲评每一次活动胜利的根源都在于彼此信任、支持、互助时，有了切身体验的刘洋频频点头。

在回家的路上，爸爸还趁热打铁地聊起了篮球，说一个再棒的球员，如果没有人传球给他，也不能取胜。如果每个人都想当英雄，没有团队意识，那就绝没有球队的胜利。刘洋听了，若有所思地点了点头。

成功的合作可以让孩子获得良好的体验，这种体验能够带给孩子无穷的快乐，进而培养孩子的合作意识，并使得孩子有意识地主动去与他人开展合作。在生活中，父母可以让孩子多玩一些合作性较强的体育活动和游戏，如足球、篮球、跳皮筋、跳绳等，既有团体之间的对抗与竞争，更有团队内部的合作，这些都非常有利于孩子合作能力和团队精神的培养。

2.让孩子学会欣赏他人

合作就是取他人之长补自己之短，是双方长处的融合，也是双方短处的相互弥补。只有能够真诚地欣赏他人的长处，孩子才能从内心深处真正愿意接受别人。只有相互认识到对方的长处，欣赏对方的长处，合作才会有真正的动力和基础。因此，父母要经常给孩子灌输这样一种思想：任何人都有自己的长处，任何人都要学会真诚地欣赏他人。当他认识到每个人都有缺点，也都有优点时，他的心态就比较平和，不会刻意地挑别人的毛病，也不会拒不接受别人对自己的批评。

父母可以通过故事并结合自己的言行让孩子逐渐地明白每个人都各有所长，各有所短。比如，一本好的书就是由作者、画家和设计师通过合作之后的结晶。让孩子明白，不要妒嫉或是轻视别人的长处，也不要对自己失去信心，而是善于互相利用彼此的长处，从而达到共同的目标，实现双赢。

3.让孩子多参加集体活动

孩子老是一个人"独处"，当然不会感受到人与人之间的互帮互助究竟有什么力量和神奇之处。父母要鼓励孩子多参加一些集体的活动，只有在集体中才能真正切身体会到与人和睦相处、共同合作的好处。这可以让孩子意识到他人的存在，学习到与他人相处的经验。与此同时也培养了孩子的合作意识，孩子还能够认识到自己在集体中的作用，锻炼自己与人合作、自觉遵守纪律的意志。事实证明，孩子参加集体活动对孩子的成长非常重要。对不合群的孩子更应该争取各种机会，让他们参加到伙伴群中去。

为了让孩子尽快融入到集体中去，父母要努力培养孩子谦让、忍耐的精神。让他知道，在集体中个人只是一个微小的元素，在从事一些活动时要互助与谦让。

帮助孩子养成良好的沟通习惯，利于孩子增进同学之间的友谊，发扬团结互助精神，相互关爱，加强集体凝聚力。

最后，还要让孩子明白，自己的成长时刻离不开集体，所以，应该记住回报集体。

真正的友谊，不是什么都说"好"

或许你有这种体会：有时候明明应该说"不"的事情，因为怕别人下不了台，或者怕别人心里不舒服，硬着头皮答应下来，结果给自己惹来麻烦。同样，在人际交往中，有的孩子不懂得拒绝别人，经常给自己带来不快。

小云和小丽是从小一起长大的好朋友，她们一起上学放学，形影不离。但是最近，这两位好朋友却经常吵架，这让小云很是苦恼。有一件事，最让小云不知道该怎么办了：小丽经常以补课为由出去玩，还再三叮嘱小云不要告诉任何人，这让小云感到很不安，为了保住友谊，她甚至不敢把小丽在学校的一些不良品行告诉小丽的妈妈。

这天放学，小丽和小云一起回家。小丽突然神秘地对小云说："小云，明天下午第二节课是体育课，体育课最没有意思啦，咱们逃课吧？你陪我去买双鞋！"

小丽的话，吓了小云好大一跳。她支支吾吾地半天不敢说话。小丽非常生气地说："还是不是朋友了？这么点小事都办不到。"

没办法，小云只好答应了。但她心里很恐慌，几天来都吃不好、睡不好。

其实，像上例中小云这样不知道如何拒绝别人的孩子在现实中有很多，因为渴望友谊、天性善良的孩子，时常认为拒绝别人会伤害到对方，所以大多时候他们宁愿委屈自己去接受别人提出来的要求，哪怕有些要求是不合理，甚至过分的。可想而知，最后受到伤害和委屈的一定是不懂拒绝的自己。所以身为父母，有必要教会孩子拒绝他人的技巧。

一个不会拒绝别人的人很容易被他人左右，一个没有任何主张的人有时甚至会给自己带来麻烦或危险。人不是万能的，不可能让所有的人满意。喜剧大师卓别林曾说："学会说'不'吧！那你的生活将会美好很多。"所以，学会拒绝也是一种快乐，不要勉强自己去做根本不想做的事情，给自己的心灵一片自由。让孩子在成长的过程中学会拒绝，不仅是学会自我保护的一种方法，也是学习一种如何与人交往的处世技巧。

有一天，上初二的小玲回家后非常不开心，妈妈便问她发生了什么事。小玲皱着眉说："袁莉想和我换座位，她眼睛重度近视，座位又在后排，看不见黑板。"妈妈说："袁莉是你的好朋友，你眼睛又不近视，你就和她换换吧。"小玲说："我眼睛倒是挺好的，但是袁莉的座位在大后排，我个子矮，如果我换到她的座位上，前面的同学就会挡住我的视线，我就看不清黑板了。"妈妈说："那你就把这个原因告诉袁莉，不同意和她换座位。"小玲有些为难地说："我和袁莉是最好的朋友，我这样说她会不会不高兴？"妈妈对她说："不会的，因为这是你的正当权益，再说你说的也是事实，袁莉会明白的。另外你还可以和袁莉一起去找老师，让老师帮忙想想办法。"小玲点了点头，第二天把自己的想法告诉了袁莉，并和袁莉一起去找了老师，让老师帮忙调了座位。

一位哲人说："学会了拒绝，是一个人成熟的标志之一。"对于孩子来说，父母要早些教育他们学会说"不"。这样，他们在别人提出不利于自己的要求时才懂得拒绝，从而也能够更好地维护自己的正当权益。

生活中，孩子总是要和各种各样的人打交道，如果在与别人相处的过程中，总是担心伤害别人，不敢拒绝别人，这样的结果就是伤害孩子自己。引导孩子学会拒绝、敢于拒绝、善于拒绝，才会让他活得真实明白，活得开心快乐。

1.让孩子学会委婉地拒绝他人

很多孩子都不懂得拒绝别人，尤其对方是自己关系比较好的朋友时，他们即使不愿意，也会勉强答应。再加上他们很注重人际关系，不想因为自己的"扫兴"而让自己的人际网出现不和谐。面对这样的孩子，我们除了要教会她在日常生活中体谅别人，还要教会他维护自己的正当权益，委婉而又礼貌地拒绝别人。

周末，周华想在家里复习功课，但他的同学却打电话过来约他去打球，周华不想去，但又不知道如何拒绝，便说中午时给同学电话。

挂掉电话，周华去向妈妈求救。妈妈告诉他："既然你不想去打球，就要把自己的真实想法说出来。"

"那我的同学岂不是很尴尬？而且会影响我们之间的友情的。"

"如果你委婉地拒绝，他是不会尴尬的，也不会影响友情的。例如，你可以这样对同学说：我非常喜欢与你一起打球，但下午我已经安排好别的事情了，我们另约时间，好吗？"

周华按妈妈所说的方式委婉而又礼貌地拒绝了同学，同学果真没有生他的气，更没有因为被拒绝而尴尬。从此周华学会了委婉地拒绝他人。

事实上，拒绝他人本就是一件伤感情、导致尴尬局面的事情，但如果能在拒绝中注意话语的含蓄和否定的技巧，是完全能避免这些情况发生的，从而让生硬的否定变成一副可爱的面孔，在轻松愉快的气氛中拒绝别人。上例中周华妈妈的做法就很值得借鉴。为了避免因拒绝造成不良的人际影响，家长有必要教会孩子委婉拒绝他人。用最委婉、最温和、最坦诚的语气向对方详细解释不能答应其要求的理由，而不是生硬冷淡地拒绝，对方自然会明白你的苦心。

2.告诉孩子"哥们儿义气"要不得

生活中，有一些孩子，受哥们儿义气思想的影响，认为朋友多，相互帮忙，很有义气，是有面子的表现，对别人提出的要求不懂得拒绝。其实，这是一种错误的想法。

两个男孩年少气盛，发生争执，大打出手，一方没有占到便宜，心有不服，去找两个好哥们儿帮忙，这两个好哥们儿一听，好兄弟吃了亏，岂有袖手旁观之理，一起去找对方出口气，不想，对方因为打不过为求自保，将随身带的水果刀拿出来挥舞防身，造成了一个帮忙的人重伤。事后由于对方是正当防卫，不存在责任，而接受帮忙的好哥们儿也没有能力支付费用，受重伤的人虽然保住了生命，但是要承担高额费用而且还留下残疾，以后在找工作及找对象上有困难，以后的生活质量也将受到影响。

友谊是建立在互相理解和互相帮助的基础之上的，也需要义气。但是，这种义气是讲原则的，是建立在维护集体利益基础之上的。如果不辨是非地"为朋友两肋插刀"，甚至不顾后果，不负责任地去迎合朋友的不正当的要求，这不是真正的朋友，更谈不上真正的义气，到头来，只是害人害己。作为父母，我们教孩子去拒绝别人提出的那些不合理的要求，特别是所谓的"哥们儿义气"。

宽容别人等于善待自己

中国传统文化经过几千年的积累，拥有很多值得学习和运用的精华。"以责人之心责己，以恕己之心恕人"就是其中之一。在人际关系方面，这句话可以这么理解：因为人际交往是建立在信任的基础之上的，所以，要以诚挚、宽容的胸襟，尽量原谅别人的过错，由此，你可能会得到终身的信任和感激；反之，将别人的过错记恨在心，只会陷入关系紧张、破裂的恶性循环，最后还可能需要付出更大的代价。

法国著名文学家雨果说过："世界上最宽阔的东西是海洋，比海洋更宽阔的是天空，比天空更宽阔的是人的胸怀。"自古至今，宽容是为人处世的准则。一个宽宏大量、与人为善、宽容待人、能主动为他人着想和帮助别人的人，一定会讨人喜欢，被人接纳，受人尊重，具有魅力，因而能够更多地体验成功的喜悦。而一个以敌视的眼光看人，对周围的人戒备森严、心胸狭窄、处处提防、不能宽大为怀的人，必然会因孤独而陷于忧郁和痛苦之中。

战国时代，蔺相如因卓越的外交才能而被赵惠文王拜为上卿，位列战功卓著的老将军廉颇之右。

廉颇对此相当不满，心想自己南征北战，九死一生为赵国立下了汗马功劳，到头来反倒让只会耍嘴皮子的蔺相如占了上风，心里不服，表示遇到他一定当面羞辱一番。相如知道这件事情后，不愿意和廉颇争位次先后，便处处留意，有意避让廉颇，上朝时假称有病，以便回避。

有一次，相如乘车外出，远远望见廉颇的车子急驶而来，急忙叫手下人将车赶入一条小巷。手下人见廉颇的车得意扬扬地远去，非常气愤，以为相如怕廉颇。相如对他们说："连如狼似虎的秦国我都不惧怕，难道我怕廉颇将军？我们赵国到今天之所以未遭秦国攻打，是因为武的他们怕廉颇老将军，文的怕我蔺相如啊。如果我和廉老将军不能和睦相处，互相冲突，必有一伤，内讧一起，秦国就会趁机侵略赵国，将相不和而引敌来犯，我岂不成了国家的罪人？所以，我对老将军避让，是因为我把国家安全放在前头，不计较个人恩怨。"听了蔺相如这番话，手下人大为感动，从此他们也学蔺相如的样子，对老将军手下也处处谦让。

不久，此事传到了廉颇的耳中，他被蔺相如如此宽大的胸怀深深感动，更为自己的言行深感愧疚。于是脱掉上衣，背负荆杖，亲自到相如家中请罪，他沉痛地说："我是个粗陋浅薄的人，真是老糊涂了。真想不到你会对我如此宽容，惭愧啊惭愧！"

蔺相如见廉颇态度真诚，赶忙亲手解下荆杖，请他入座，两人坦诚相叙，从此誓同生死，成为至交。这就是历史上有名的"负荆请罪"。

人非圣贤，孰能无过。与人相处就要相互谅解，经常以"难得糊涂"自勉，求大同存小异，有度量，能容人，你就会有许多朋友，且左右逢源，诸事遂愿；相反，斤斤计较，认死理，过分挑剔，容不得人，人家就会躲你远远的。最后，你只能关起门来"称孤道寡"，成为使人避之唯恐不及的异己之徒。

宽容是处理人际关系，和谐人与人、人与环境的有效手段，是自然人向社会人过渡的必备的基本品质，是社会人必备的良好性格之一。研究表明，一个人的性格主要是在儿童、青少年阶段形成和基本定型的。特别是早期的性格对人的一生影响很大。因此重视培养孩子宽以待人的良好性格显得尤为重要。

但遗憾的是现在的孩子多数是独生子女，娇生惯养，很容易出现自我中心倾向，表现在人际关系中就是过多地考虑自己的感受而忽略对方的感受，心胸开始变得狭窄，对别人给自己带来的一点伤害总是耿耿于怀。例如，在与小伙伴交往的过程中，往往容不下对方的小小过错。这种缺乏宽容的态度，使得他们很难与小伙伴形成良好的关系，甚至还可能被孤立。所以，父母一定要从小培养孩子宽容的品质，使孩子成为一个能够宽容别人的人。否则会严重影响良好人际关系的建立，从而影响学习。孩子只有学会宽容，才有可能拥有融洽的人际关系。

这天，萧红一回到家就开始独个儿待在沙发上生闷气，嘴里面还不停地嘀咕："哼，我非和这样的朋友绝交不可！"

妈妈看到萧红这副模样，便走过去询问道："怎么了？满脸的不高兴？"

萧红回答道："说起来我就生气，我们班的那个琳琳，居然把我借给她的那盘CD弄坏了，那盘CD可是绝版的，现在有钱也买不到呀！你说气不气人？"

妈妈这才明白了女儿为何如此生气。她拉着萧红的手，慢慢地说道："琳琳不是你最好的朋友吗？我还记得你上次文艺晚会借了她的鞋子参加表演，后来好像还把人家鞋子的鞋跟给穿断了，对吧？琳琳最后不是丝毫没有责怪你的意思吗？"

萧红被妈妈这么一问，脸突然红了起来："对呀，琳琳对我很好的。"

妈妈接着说道："所以了，她一定不是故意弄坏你的CD的，说不定她比你还难受呢。孩子，何不宽容一下别人的错误呢？宽容会让你变得快乐，宽容能收获更多的幸福。"

萧红点点头，心想，明天上学的时候，一定要告诉琳琳，自己不生气了……

孩子的宽容心是一种非常珍贵的感情，它主要表现为对别人过错的原谅。这种感情对于孩子个性的健康发展，尤其是情感的健康发展，以及对于孩子良好人际关系的建立有着非常重要的意义。如果父母教孩子学会宽容，那么孩子就掌握了跟任何人交往的一种智慧。

宽容是一种品德，也是一种智慧。富有宽容心的孩子往往心地善良，性情温和，惹人喜爱，受人拥护，而缺乏宽容心的人往往性情怪诞，易走极端，不易为人亲近，因而人际关系往往不好。因此，教孩子学会宽容尤为重要，这不仅仅是为孩子今天能和伙伴处理好关系，更是为孩子将来的人生奠定基础。

1.为孩子做出宽容的榜样

孩子的宽容之心最主要的来源就是父母。让孩子学会宽容，父母自己首先应有宽容的品质，遇到矛盾或冲突时能宽宏大量，不计较得失，能够高姿态，不怕吃亏，能饶人处且饶人，以此使孩子受到熏染与教育，孩子才能在相应的时候做到宽容他人。

一位年轻的妈妈带着儿子去公园玩。在公共汽车上，一位背着大包的青年挤进了车厢，妈妈被大包撞到了一边。

儿子关切地问："妈妈，你没事吧？"同时，他恼怒地看了那青年一眼，喊了一句："太可恨了。"

年轻的妈妈看着儿子，说道："可不能这么说，这位叔叔不是故意的。"这时，那位青年也连连向她道歉。儿子听到这些，惭愧地低下了头。

几天以后，妈妈早早地下了班，她骑着车子来到学校，准备接儿子回家，结果发现儿子的手破了皮，血一滴一滴地往下流。妈妈心疼极了，赶快找来一些纱布，将他的伤口包好。然后就去问老师是怎么回事，老师也很纳闷，因为她既没有看到他来报告，也没有听到他哭过。

妈妈不解地问："为什么没有告诉老师呢？"儿子笑着说道："妈妈，小朋友不是有意弄伤我的呀！因为这事，他已经深感不安了，如果再去告诉老师，他会更加自责的。"

妈妈听了非常高兴，他摸着儿子的头说："好孩子，你已经学会了谅解别人。"

故事中的妈妈用自己的实际行动，为孩子树立了正确的榜样，在孩子幼小的心田里播下了一颗宽容的种子，让孩子懂得了一个人要学会宽容和关心他人。

宽容的种子往往需要父母用心去播种，只有宽容的父母才能培育出宽容的孩子。孩子最初是从父母那里学习待人接物的方式的。父母宽容、大度、遇事不斤斤计较，与邻里、同事之间融洽相处，孩子就会学着父母的样子处理同学之间的关系，也会变得宽容、好善、乐与人处。

2.教孩子换个角度看问题

小强将一本新买的《火影忍者》漫画书带到了学校，他一下课就翻出漫画书高兴地翻阅起来。不巧，同桌起身时不小心把墨水瓶碰翻，墨水洒到了漫画书上，把一本精美的《火影忍者》漫画书弄得脏兮兮的，无法继续看下去了。小强很生气，不但让同桌赔他新的《火影忍者》，还把这件事告诉了班主任老师。结果，小强的同桌被老师批评了一顿。

放学回家，当小强跟妈妈诉说这件事情的时候，妈妈严肃地对他说："谁都有不小心犯错误的时候，如果你犯了同样的错误，你的同桌大喊大叫，让你赔，还告诉老师批评你，你舒服吗？"

小强说："我会很难受的呗。"接着，妈妈又告诉小强，要和气、友好地待人，不能斤斤计较，尤其是对待同学，更要大度、宽容，像今天这样的情况，应该说没关系。这样，才能成为受同学欢迎的人，成为快乐的人。这件事给小强留下了深刻的印象，在妈妈的启发下，小强渐渐理解了宽容的含义，学着去宽容待人了。

在孩子与他人发生争吵或矛盾时，家长可以教孩子学会从他人的角度来看待问题，让孩子把自己置于别人的位置，并站在他人的角度来思考问题。这样孩子不仅可以了解别人，还会赢得友谊。父母应该教育孩子经常自问："要是我处在这种情况下，我会怎么想呢？又会怎么做呢？""我现在应该为他做点什么，他的心里是不是会感觉好受一些呢？"这样，孩子往往会看到问题的另一面，从而养成其宽容的品格。

3.让孩子学会理解他人

父母应该让孩子学会以一颗平常心来对待别人，真正理解别人。因为每个人都有这样或那样的缺点，也会犯这样或那样的错误，而只有学会理解别人，才能容忍别人的缺点和错误。也只有这样，才能真正体会到宽容的意义。

一个叫雪丽的10岁美国小女孩在自己的生日晚会上遭到好友梅芙的无端抢白而感到大丢面子，因而试图报复以泄心头之恨。但后来在母亲的劝说下，她通过和梅芙谈心了解到：当时梅芙喂养的小兔子突然死去，心情十分沮丧，故难免出言不逊。在经过一番将心比心后，雪丽宽容地原谅了梅芙，两个小伙伴的友谊更深厚了。

理解是为了宽恕，理解一切也就是为了宽恕一切。理解他人，会体现一个人的胸襟。告诉孩子，当我们受到伤害时，一定不要再以报复心来对待他，而是应该理解他、原谅他，以漠然来冲淡报复，这是最明智的做法。只有这样，才能在人际交往中获得更多的朋友。

第七章
具备了这些能力，
孩子才能更适应社会

力争上游，培养孩子的竞争能力

现代社会是一个充满竞争的社会，一个没有竞争意识的人是很难适应社会生活的。孩子终归要长大成人，离开父母的庇护步入社会，独自在人生角逐场上搏斗、拼杀。哪个家长不希望自己的孩子在竞争中出人头地，脱颖而出？这就需要注重对孩子竞争能力的培养。

张鹏读高二时，班上调来一位教物理的李老师。这位老师是某中学的特级教师，其学生曾在国内甚至是国际中学生物理竞赛中取得过优异成绩。一次家长会上，他对家长们说："我准备组织部分学有余力的同学参加物理竞赛小组，希望家长支持孩子踊跃报名。"散会后，家长们纷纷议论，有的说，马上就高三了，高考的压力本来就很大，孩子再参加竞赛，弄不好会影响其他科成绩，得不偿失。张鹏的父亲却有自己的看法，坚持鼓励孩子参与这个竞赛小组。结果，张鹏不但在竞赛中获了奖，而且其他各科成绩也未受到影响。

其实，从小学起，张鹏的父母就鼓励孩子勇于竞争。那时，张鹏除了参加数、理、化、英等主科竞赛外，还参加一些被许多家长认为是"不务正业"的竞赛活动，如小学生交通安全知识竞赛、四驱车速度竞赛、手工制作竞赛、建筑模型竞赛以及各种体育比赛等。这不但没有影响张鹏的学业，反而对他的学习起到了促进作用。

张鹏参加工作后，很快就适应了这个充满竞争的社会，并且，在各种职场竞争中，最终胜出的往往都是他。

当今社会，挑战与机遇并存，竞争与成功同在。培养孩子的竞争能力，增强孩子的适应性，这是社会发展的需要。"有竞争才有进步。"只有力争上游，不断地修正自己，不断地学习、探索，才能学得更多，更好，才能立于不败之地。

然而在实际学习、生活中，总有一部分孩子对学习或某项活动甘心落后，怯于竞争，表现出动摇、胆怯、逃避等消极意志品质。身为父母者，要让孩子明白竞争是现代生活中不可或缺的内容，学会竞争是现代人基本的生存能力，要在竞争中体现自我，从竞争中走出精彩人生。应鼓励孩子参与多种形式的竞争活动，让孩子尽可能地在竞争中摔打，经受成功和失败的考验，鼓励他们跌倒了再爬起来继续前进。

开学不久，上小学四年级的儿子告诉爸爸学校要举行运动会。爸爸说："那你有没有报项目呢？"儿子说不想报。爸爸说："我记得你跳远很不错，应该报一下，重在参与嘛。"儿子有所顾虑地说："报跳远容易，在跳远项目上得个名次就不容易了。"

爸爸对儿子说："爸爸非常支持你，这是一个展示你能力的好机会，但是爸爸并不看重最后的结果。因为参与的权利在你手里，而是否获得名次还要看别人的发挥。如果你没有获得名次，证明你的能力可能比别人差些，也可能说明你的实力没有完全发挥出来。爸爸看重的是你的勇气和自信，这才是最重要的。"

儿子听后一脸的轻松，高高兴兴地说："我明天就报跳远项目。"结果，儿子在跳远比赛中得了第三名。

竞争的力量会让一个人发挥出巨大的潜能，创造出惊人的成绩。鼓励孩子去参与竞争，可以增强孩子的自信心，孩子在竞争中表现出来的精神和才能，会使孩子对自己做出肯定的评价，会激发孩子进一步奋发向上；它可以克服孩子的胆怯、保守和自卑心理，可以激发孩子强烈的求知欲望，因为竞争会使孩子认识到只有具备知识和能力才能领先；此外，它还可以提高孩子的耐挫能力，有竞争，就免不了要遭受挫折，孩子品尝过竞争失利的滋味，可提高对未来可能遇到的挫折的承受能力。因此，父母应当适时地鼓励孩子勇敢去参与竞争。

1.培养孩子的竞争意识

竞争意识是指对外界活动所做出的积极、奋发、不甘落后的心理反应。它是产生竞争行动的前提。在今天，每一个孩子都应该视竞争为常态，不竞争为非常态。生活中，父母要帮孩子树立拼搏精神和竞争意识，在学习科学文化知识中要不甘落后，敢于脱颖而出；在人生道路上，要敢于冒尖，争当"出头鸟"。经验证明，一个缺乏竞争意识、学习成绩平平、工作不积极的人是很难赢得人们的尊重和好感的。

李静初中毕业后，从农村来到市里的重点高中上学，由于以前学校的教学质量不是很好，所以，她进入重点高中之后，就显得不能适应了。尤其在英语课上，她觉得自己总是听得云山雾罩，不知所措。

第一学期期末考试，李静竟然没有一门功课及格，最惨的一科是英语，只得了36分。这一打击对李静来说太大了，她觉得农村孩子始终比不上城市孩子，开始自卑和苦恼起来。于是，她就到小说里面寻找自己的"心灵寄托"，寻找一些虚无缥缈的感觉，并沉溺其中不能自拔。结果成绩更是一团糟，还差点儿被学校开除。她觉得自己与其在这里丢人现眼，还不如放弃学业。

爸爸知道她的这个想法之后，就对她说道："什么？放弃学业？这同战场上的逃兵有什么两样，即使你暂时能够逃避学习的竞争，步入社会后，你还能逃避社会竞争吗？难道你真想一辈子当一个逃兵？"爸爸的这句话，一下子激起了李静强烈的自尊心。"逃兵？我怎么会是逃兵呢？逃兵会被人说三道四的，我绝对不做逃兵！"就这样，李静为了不让自己成为逃兵而树立了坚定的信念，开始刻苦学习。

其实，李静并不是个笨孩子，刚开始成绩不好，只是因为她还没有适应新的环境。现在她树立了竞争意识，不甘心学习落后于人，决心超过别人，她的成绩也自然提高了。高考的时候，李静以780分的成绩打破了学校有史以来的最好成绩，进入了自己向往已久的大学。

从这个事例我们可以看出，如果李静在暂时落后的时候，不想和别人竞争，一味地逃避，那么她就不会得到现在这样好的成绩，只能是个"逃兵"。所以，家长必须教育孩子面对现实，让他们知道有竞争就会有成功者和失败者，任何试图回避或逃避竞争的做法都是错误的。培养孩子的竞争意识，鼓励孩子参与竞争，对于孩子的健康发展具有重大意义。

2.培养孩子健康的竞争心态

当今社会，竞争越来越激烈，培养孩子的竞争意识和竞争能力已经成为当前家庭教育的重要内容。但家长不可盲目鼓励孩子参与竞争，更不要让孩子以为竞争就是不择手段地战胜对方，而应正确教育和引导，培养孩子健康的竞争意识。

黄刚的父母深知现在社会上的竞争日益激烈，于是为了不让自己的儿子在竞争中被淘汰，从小就运用各种方法鼓励黄刚竞争。而黄刚也很争气，没有辜负父母的期望。从上小学以来，每次考试成绩均在班上名列榜首。正当黄刚的父母自以为实施的鼓励措施发挥功效时，没想到却接到班主任的电话。

原来，当天下午，黄刚的班主任宣读期中考试成绩，黄刚这次意想不到地考了个第二名，一向位居榜首的他怎么也不能接受这个现实，一气之下，他把考试卷子撕个粉碎，扬长而去。

为了让孩子健康成长，作为孩子的第一任老师——父母要积极培养孩子健康的竞争心态。对于一些竞争欲望过于强烈的孩子，父母要帮孩子端正心态，让孩子明白竞争是展示自身实力的机会，是件美好的事，要用从容的心态看待超越和被超越，不应充满妒忌和愤懑。还要启发孩子在竞争中表现出高尚的情操，不要以打击对方的方式来达到自己的心理平衡，让孩子认识到竞争不应是阴险和狡诈、暗中算计人，应是携手并进，以实力取胜。

3.引导孩子向竞争对手学习

在学习或生活中，有很多孩子将竞争对手视为死敌来看待，甚至会因为担心被对方击败而采取一些不恰当的做法，和对手之间不相往来，等等。其实这种做法是不可取的。

竞争对手是一面镜子，能照到自己的不足，更能完善自己。面对孩子学习上的竞争对手，父母应该引导孩子不要怀着敌对的心态，而应视其为学习的动力、目标以及榜样。如果把竞争对手视为自己学习上的伙伴和朋友，不但会使自己受益匪浅，也有利于他人的学习。

新的学期开始了，读初一的林峰下决心要将自己的学习成绩提升到班里前五名，他问爸爸应该怎么做才能达到预期的目标。爸爸问他："现在班里的前五名同学就是你的竞争对手，要想赶上或超过竞争对手，你就得了解竞争对手，虚心向竞争对手学习。你们班前五名同学都是谁，你知道吗？"他说："我知道。"接着，他说出了前五名同学的姓名。爸爸又问："第五名同学与你相比有哪些优点？"他说："他非常爱学习，学习很主动，很刻苦。课堂上勇于举手发言，自己弄不懂的问题就虚心向老师和同学请教。"爸爸又问："第四名同学和你相比有哪些优点？"林峰说："她课堂听讲精力非常集中，对知识不死记硬背，能举一反三。"爸爸又问："第三名同学与你相比有哪些优点？"林峰说："他非常珍惜时间，也很有毅力，对疑难问题从不放过，直到钻研明白、弄懂弄通为止。还有，他总是按时完成作业，还喜欢看课外读物。"爸爸接着又问："第二名、第一名同学与你相比有哪些优点？"林峰如数家珍都做了具体回答。最后爸爸说："现在你知道应该怎么做了吧？记住，知己知彼，心里才能有底；学人之长，才能胜利有望。"林峰顿时恍然大悟，信心十足地说："爸爸，我明白了。你瞧吧！"爸爸充满希望地看着儿子说："好儿子，我相信你能成功。"

在爸爸的启发和帮助下，林峰看到了竞争对手的优势，找出了自己存在的差距，下气力比他们学得更好、更刻苦。他的自身潜能得到了充分发掘，学习成绩提高很快，期终考试一跃全班前茅。

向竞争对手学习，不仅是方法的问题，还是视野的问题、思想的问题、境界的问题。引导孩子去学习竞争对手身上的优点，把对方当成自己学习上突破的一个动力，这样孩子就会收获人际和学习的双成功。

4.教育孩子正确对待竞争中的胜利与失败

张大亮是一个活泼好动的小男孩。他喜欢各项活动，也喜欢与大家一起比赛。但张大亮有个不好的习惯，就是如果自己比赛输了，就会心情郁闷，不爱说话，好多天后心情才能调整过来。而只要心情一转好，他又会参加下一轮的竞争、比赛。

妈妈很怕张大亮参加比赛，但如果不让他去又怕影响他的身心健康发展。妈妈就耐心地开导张大亮说："比赛有赢就有输，输了要能面对和接受，心情不好不能解决任何问题。应该总结经验，发奋努力，争取下次的胜利。你想想我说得对吗？"听了妈妈的话，张大亮认真思考了一下，冲着妈妈一乐，说道："我知道应该怎么做了，谢谢你，妈妈。"

以后，张大亮不再为失败烦恼了。他一样喜欢参加竞技活动，喜欢比赛。输了就总结经验，发现不足，然后改进，争取下次的胜利。渐渐地，张大亮胜出的次数多了起来。

竞争，总会伴随着成功与失败，怎样正确对待输赢将直接影响一个人的竞争行为。因此父母要教育孩子，遇到胜利不要飘飘然，要想到"一山更有一山高"的道理，终点永远在前面，遇到挫折也别以为世界末日到了，告诉孩子"胜败乃兵家之常事"，关键是找出失败的原因，确定努力的方向。

学无止境，培养孩子的学习能力

一个人一生都在学习，学习能力是一个人最重要的能力。所谓学习能力，主要是指对学习方法和技巧的掌握，以及将这些知识、技能应用于实际的能力。培养孩子的学习能力，不仅能促使孩子主动地学习，独立思考钻研问题，提高学习效率，而且对未来从事各项工作，都能受益。

学习能力是每个孩子都必须掌握的一种能力。如果将孩子学到知识比作"捕到鱼"，那么，对父母而言，最重要的是要指点和启发孩子掌握最有效的捕鱼技术，而不是父母捕到鱼后送给孩子，让他坐享其成。正所谓：授人以鱼，不如授人以渔。陪着孩子学习，不如教会孩子学习。良好的学习习惯和自觉学习的能力是孩子一生受用不尽的财富。

小强10岁的时候，妈妈给他买了一本《新华字典》，并认真地对他说："以后，遇到没学过的字或者词，先在这本字典里找。如果找不到，再来问爸爸妈妈，知道吗？"

小强点了点头。随后，妈妈又开始告诉他如何使用字典。

妈妈翻开字典，说："你可以通过两种途径来查找你需要的字，第一种是通过拼音，第二种就是通过部首检字表。如果你想知道一个字怎么读，那么就可以用第二种方法；如果你想知道一个字的含义而你已经知道它的拼音，那么两种方法都可以用。"

从那以后，小强再也没有拿着书本跑到厨房去问妈妈这样的问题："这个字怎么组词啊？这个字怎么读啊？"显然，他已经拥有了一定的自学能力。

孩子天生喜欢学习，但不是天生都会学习。只有具备良好的学习能力，孩子才能更好地吸收相关知识。培养孩子的学习能力，犹如交给孩子打开知识大门的钥匙。孩子掌握了方法，才能真正把握学习的主动权，真正处于学习主体位置。所以，家长要尽快培养孩子学会学习的能力。

学会学习比掌握知识更重要。联合国教科文组织在《学会生存》一书中指出：在未来社会里，文盲将不是不识字的人，而是那些不会学习、不会自行更新知识的人。是否具有学习能力居然被提高到是否要被列入文盲的地步，可见学习能力对孩子一生的重要性。因此，聪明的家长应根据孩子的实际情况，培养孩子的学习能力。

当然，学习能力不是一朝一夕就能养成，需要用毅力、耐力才能逐渐养成。因此，培养孩子的学习能力应从点滴做起，从小事做起，从现在做起，要下决心，锻炼恒心，磨炼意志。同时，家长要言传身教去影响、教育孩子。

1.让孩子养成良好的学习习惯

有一个老师的孩子去上海参加一个全国性的竞赛，带队的老师回来后很有感慨地说了一件事：那天在轮船上，晚餐后，同学们都在甲板上观看风景玩去了，过了一会儿，没经任何人提示，也没任何人要求，该做功课的时候了，那个老师的孩子就独自到船舱里拿出书本，旁若无人地开始学习起来——带队的老师感慨道：那就是习惯。

陈鹤琴先生曾说过这样一句话："习惯养得好，终身受其益；习惯养不好，终身受其累。"可见，习惯培养对人的一生是何等的重要。如果孩子能够在少年时期养成良好的学习习惯，那么他便会将追求知识、努力学习当成生活中重要的事情来对待。学习习惯一旦形成，便会日积月累地对孩子的学习产生影响。良好的学习习惯会使孩子向好的方向发展和变化，而不良的学习习惯则会使孩子丧失学习的热情，延误个人的发展。

2.做孩子学习的榜样

俗话说："孩子是沿着父母足迹成长的。"父母的一言一行都在潜移默化地影响着孩子。"身教"往往胜于"言教"，倘若父母本身热爱学习，为孩子做出表率，试想，孩子怎么能不好好学习呢？

翟鑫是老师和同学眼里的好学生，她的学习成绩一直是班里的前几名。她学习非常刻苦，很多时候大家看到的她都在埋头苦读。

翟鑫的父母都是大学老师，平时也都是爱学习的人。他们的教育方式不是整日对孩子进行说教，而是以自己的实际行动来影响孩子。他们晚上在家就是备课、查阅资料、写论文，空闲时还经常讨论学术上的问题。

家里的学习氛围很浓厚，翟鑫自然而然就勤奋好学了。

"身教胜于言教"是古训，是我国传统家教的重要经验，很值得现代人发扬光大。如果父母们平时少看一会电视，少聊一会天儿，少一次应酬，少玩一次牌，多读一点书，多看一份报，那么学习化的情境教育会潜移默化地影响孩子。就算父母不将"用心学习"挂在嘴边，只要以"学习"的实际行动去影响孩子，孩子也会逐渐变得有学习兴趣。

3.提高孩子的自学能力

自学是最有效的学方式，而我们现在的孩子，大多数都不具备自学意识，懒于自学，这对孩子将来的发展是很不利的。

张芳是个五年级的学生，她是个典型的乖乖女，一切都顺从妈妈的指令，妈妈让她做什么她就去做什么。生活上如此，学习上更是如此。在家里，她严格按照妈妈给她制订的时间表来完成学习任务。

有一次，妈妈生重病住院一个多月，没有办法再像往常一样时刻指导孩子的学习。离开了妈妈的点滴指导，张芳根本不知道什么时候该做什么事情，也不懂得如何提高自己比较差的科目。慢慢地，她的学习成绩出现了很大的退步。

自学能力是每个孩子都必须掌握的一种能力。培养孩子的自学能力，不仅能促使孩子主动地学习，独立思考钻研问题，提高学习效率，而且对未来从事各项工作，都能受益。为此家长要培养孩子的自学兴趣，掌握自学方法，培养自学习惯，使孩子愿意学，并且会学，这是至关重要的。孩子具备自学能力之后，就可以将被动变为主动，真正成为学习的主人。

4.告诉孩子学无止境

这是美国东部一所大学期终考试的最后一天。在教学楼的台阶上，一群工程学高年级的学生挤做一团，正在讨论几分钟后就要开始的考试，他们的脸上充满了自信。这是他们参加毕业典礼和工作之前的最后一次测验了。

一些人在谈论他们现在已经找到的工作，另一些人则谈论他们将会得到的工作。带着经过4年的大学学习所获得的自信，他们感觉自己已经准备好了，并且能够征服整个世界。

他们知道，这场即将到来的测验将会很快结束，因为教授说过，他们可以带他们想带的任何书或笔记。要求只有一个，就是他们不能在测验的时候交头接耳。

他们兴高采烈地冲进教室。教授把试卷分发下去。当学生们注意到只有5道评论类型的问题时，脸上的笑容更加生动了。

3个小时过去了，教授开始收试卷。学生们看起来不再自信了，他们的脸上是一种恐惧的表情。没有一个人说话。教授手里拿着试卷，面对着整个班级。

他注视着眼前那一张张焦急的面孔，然后问道："完成5道题目的有多少人？"没有一只手举起来。"完成4道题的有多少？"仍然没有人举手。"3道题？"学生们开始有些不安，在座位上扭来扭去。"那一道题呢？"

但是整个教室仍然很沉默。

"这正是我期望得到的结果。"教授说，"我只想给你们留下一个深刻的印象，即使你们已经完成了4年的工程学习，关于这项科目仍然有很多的东西你们还不知道。这些你们不能回答的问题是与每天的普通生活实践相联系的。"然后他微笑着补充道："你们都会通过这个课程，但是记住——即使你们现在已是大学毕业生了，你们的学习仍然还只是刚刚开始。"随着时间的流逝，教授的名字已经被遗忘了，但是他教的这堂课却没有被遗忘。

这个故事告诉我们，学无止境。正如古罗马哲学家辛尼加所说："学习并不在于学校，而在于人生。"这就说明了每个人在成功的道路上，是一刻也离不开学习的。

"学无止境。"在任何时候都不过时，对任何人都是终身受用，特别是孩子，他们要学的东西实在是太多了，只有用不断地学习来充实自己，才能满足自己精彩的人生。所以父母不妨告诉孩子：学无止境，趁现在还在读书的年纪，多努力学习一些不同的东西，扩展自己的思维和眼界。

5.引导孩子学以致用

有这样一个故事：

孙阳的儿子看了父亲写的《相马经》，以为相马很容易。他想，有了这本书，还愁找不到好马吗？于是，就拿着这本书到处找好马。他按照书上所画的图形去找，没有找到。又按书中所写的特征去找，最后在野外发现一只癞蛤蟆，与父亲在书中写的千里马的特征非常像，便兴奋地把癞蛤蟆带回家，对父亲说："我找到一匹千里马，只是马蹄短了些。"父亲一看，气不打一处来，没想到儿子竟如此愚蠢，悲伤地感叹道："所谓按图索骥也。"

这个故事听起来让人捧腹，但是也让人深思，它嘲讽了那些一切以书为法的读书人，这些书呆子不能对书本知识进行变通，不能把学与用结合起来，所以导致了"按图索骥"的后果。

学习的目的就在于应用，在于指导人们的生活，学习僵化而不与实际相联系，是没有用的。最为行之有效的学习方法便是与实际相联系。因此，家长要引导孩子学以致用。只有将知识与实践结合起来，才会取得良好的效果。

适者生存，培养孩子的适应能力

所谓适应能力，就是人根据生活环境进行自我调整，以便和环境保持平衡的能力。达尔文曾经说过："不要期待环境为你而变，而要争取尽快地改变自己来适应环境。"的确，人不可能一直生活在自己意愿的环境中，当生存的环境变得越来越艰难时，我们要懂得改变自己去适应它。如果环境不利于我们，我们还要强行让外界适应我们的话，就可能会花费巨大的代价，而且还不一定能取得成功。所以说，与其试图改变环境适应自己，不如让自己去适应环境。

有一则小故事：

一位社会学教授带着学生来到一块草坪上，指着一棵老槐树说："这里有一窝蚂蚁，与我相伴多年。"

学生们凑上前观看：树缝儿里有小洞，小蚂蚁们东奔西跑，进进出出，很热闹。

教授说："近些日子，我常常想办法堵截它们，但未能取胜。"

学生们发现，树周围的缝隙、小洞大多被泥巴、木楔给封住了。

"可它们总是能从别处找到出路。"教授说，"我甚至动用樟脑丸、胶水，但是，它们都成功地躲过了劫难。有一段时间，我发现它们唯一的进出口在树顶，这里很不方便；而一周后，我发现它们重新在树腰的空虚处开辟了一个新洞口。"

学生们表示钦佩。

教授说："蚂蚁们的生存环境不比你们广阔，它们的奋斗舞台实在很狭窄，更重要的是，它们深深理解自己的力量，因此，当它们知道自己无法改变洞口被堵死这一事实时，它们就很快地适应了。而自然界中，那些善于拼搏、厮杀的猛兽们，如狮子、老虎、熊，目前的生存境况大多岌岌可危，因为它们似乎不懂得奋斗的另一层力量——适应。"

所有学生们顿悟。

这个故事对"适者生存"做出了诠释。"适者生存"是自然界的普遍规律，一切有机体都必须适应它们的环境，才能生存。人类是动物演化阶梯的最高阶段，因此，人类适应的含义更加广泛，不仅要适应自然环境，更重要的是适应社会环境。人生是一个不断适应环境、改造环境，从而也适应自我、实现自我的过程。

一个人从出生开始，就要面对各种各样的适应：刚来到世上是生存的适应，稍大一点是家庭生活的适应，往后是学习上的适应、人际关系的适应、工作的适应、社会的适应，等等。每一个人都经历了无数次的适应过程，然而，每一个人的适应能力却是不同的。于是有人因长时间无法适应某一环境而情绪低落，有人因无法适应工作而不能发挥才能，有人因无法适应社会而选择逃避。

适应能力是我们每个人生存和发展的基础，对孩子来说，也是将来能够立足于当代竞争社会的必备能力。而且适应能力强的孩子能够快速适应新环境，接受新事物，并能保持愉快的心情，更快学习到有用的生活经验和知识。

适应能力是一个人走向成功的重要因素之一。孩子总要长大走出家门，迈进校门，走向社会，其适应能力好坏将直接影响他的一生。

有一对夫妇带着他们3岁的儿子去幼儿园的时候，心里非常不安，因为这是孩子上学的第一天，也是他第一次要离开父母这么久。当父母把他从车上抱下来的时候，他紧紧抱着妈妈的脖子，再也舍不得放手。

在妈妈的好言相劝之下，孩子终于慢慢地松开了手，跟着陌生的老师走了。在临离开爸爸妈妈的时候，他还挥了挥手表示再见。起初，妈妈还想趴在门口，偷偷地观察一番，看看孩子是否适应幼儿园的生活，但是爸爸阻止了她。他自认为对孩子的自立教育已经提前做足了准备，不但给儿子讲了幼儿园的许多事情，还讲了老师会如何安排他的生活，而且告诉他，当太阳落山的时候，爸爸妈妈还会来接他。

这位爸爸的做法显然是明智的。事实上，从入园第一天开始，孩子的自立已经登上了新的台阶，父母应做的，就是放手，给孩子的生活留白，让他们积极主动地去适应社会上的一切。

对孩子的教育，不仅要求他们掌握一定的科学文化知识，而且要有目的、有意识地培养他们的社会适应能力，以便长大成人后能更好地步入社会，更快地适应社会。因此，让孩子学会适应，是当代父母必修的家教课题。

培养孩子适应能力，说起来似乎只是培养孩子某一方面的能力，其实，并非如此。培养孩子的适应能力，培养的是孩子的综合素质，培养的是孩子各方面的能力，当孩子具备了相应的能力，自然也就不会再有不适应。所以，孩子要从小形成良好的适应能力，学会适应他人，适应不同的环境。

1.带孩子多接触新环境

生活中，很多父母为了保证孩子的安全，把孩子留在自己的身边，不允许孩子出门，这就减少了孩子学习适应新环境的机会，孩子适应新环境的能力培养也就无从谈起了。所以，父母应多带孩子接触外界，比如去陌生的公园或游乐场，去陌生的场合多见见陌生的人。有机会接触陌生的环境和陌生的人对孩子适应能力的提高大有益处。

小时候，媛媛是个内向、胆怯的孩子，即使是去亲戚家，她也会觉得很别扭，到了亲戚家，她不会和别人打招呼，而是乖乖地躲在妈妈身后，妈妈觉得这样下去对孩子很不好，决定多带孩子出去玩，让她变得大方起来。

于是，妈妈经常带她去公园、儿童乐园等人多的地方玩，并且教给孩子恰当的社交礼仪。慢慢地，媛媛开朗了很多，到了新环境里也不觉得拘束了。后来，媛媛进入幼儿园、小学，都能很快地适应，和老师、同学打成一片。

事实表明，只有多接触人和环境，孩子才会对各类不同的环境有各种认知，了解得越多，恐惧感就越少，处理陌生环境问题的能力也会越来越强。

2.培养孩子的心理适应能力

面对未来复杂多变、竞争激烈的社会环境，只有具备较强的心理适应能力，才能够获得更充分的生存与发展的条件，才能够成为社会所需要的合格人才。所以，父母要培养孩子的心理适应能力，让孩子更好地适应社会环境，对自己所处的环境做出积极的反映。

小媛的老家在农村。两年前，小媛父母到北京打工，小媛留在乡下和爷爷奶奶在一起。父母不在身边，老人对孙女格外小心，除了上幼儿园，他们从来不敢放小媛出去。每天都是幼儿园、家两点一线。小媛也习惯了和爷爷奶奶在一起。最近，小媛父母把小媛接到北京读书，可是转学没过几天，小媛就开始

"闹病"了。一到学校小媛就胃口不好，胸口发闷，常给妈妈打电话，说心里难受，想家。小媛的老师说，小媛在班上从不和其他同学说话，下了课总是自己一个人躲在角落看大家玩。

许多孩子在熟悉了原有环境时，面对一个新的陌生的环境，内心会本能地抵制，不愿意接受新环境。从心理学角度说，小媛的"闹病"是因为她遇到了适应困难，心理压力跑到身体上来了。所以，父母要培养孩子的心理适应能力，让孩子更好地适应社会环境，对自己所处的环境做出积极的反映。

培养孩子的心理适应能力，可以先从培养和锻炼孩子的人际交往能力开始，让孩子养成遵守规范、乐于合作的意识和习惯，多与同伴交流，并告诉孩子一些与人交往的技巧，增加孩子交往的机会，让孩子自己去克服心理问题，理解大多数人的想法和做法。

管理金钱，培养孩子的理财能力

理财是人生的重要一环，它不仅是成人必备的，也是孩子不可或缺的课程。正确的金钱观和理财方法，会成为孩子未来事业、生活的好帮手。

当社会变得越来越商业化的时候，许多家长害怕自己的孩子"有了钱就变坏"，于是严格控制孩子的零花钱，以为这样就能端正孩子的消费观和金钱观。其实，这种观念是落后的，这种做法也没有什么好处。

其实，金钱是孩子一生中必然接触、经常要打交道的东西，如果家长能够在教孩子学会节约和储蓄的同时，还能给予他们适度的使用金钱的自主权，就可以有效地培养孩子初步的理财意识和能力，对其一生都会产生积极的影响。

一个在金融界打拼多年的父亲，去世后留给未满二十岁的儿子上亿元的财产。结果从他过世后，儿子即大肆买房、买跑车、出国旅游，恣意享受人生，没到三年，上亿元的遗产被挥霍一空。

可见，若没有尽早培养孩子的理财能力、理财智商，留给他们再多的财富，终究会挥霍一空。

儿童心理学家指出：孩子对金钱的兴趣可以说是与生俱来的，早期的金钱教育对儿童树立一个正确积极的金钱观，形成良好的理财习惯与技巧有着不可估量的潜在作用。

一项对2000余名未成年犯人和1000余名普通未成年人的调查显示，未成年犯人的零花钱明显高于普通未成年人，而且在所有犯罪类型中，因为抢劫、盗窃等与"钱"有关的罪名而入狱的孩子占到全部未成年犯人的70%以上。未成年人对金钱的认识及走上犯罪道路的教训，反映出缺乏对孩子的理财教育。没有受过理财教育的孩子只知道花钱，缺乏正确的消费观念和创造财富的能力，所以我们要对我们的孩子进行理财教育。

从小就有意识地培养孩子的理财能力，指导孩子熟悉、掌握基本的金融知识与工具，从短期效果看是养成孩子不乱花钱的习惯，从长远来看，将有利于孩子及早形成独立的生活能力，使其在高度发达、快速发展的时代中，具有可靠的立身之本。

1.培养孩子储蓄的习惯

从小对孩子进行理财教育，教给孩子一些理财方法是每位父母义不容辞的责任。家长不仅要满足孩子对金钱的认识，还要训练孩子的理财能力，并在生活中培养孩子储蓄的习惯。

乐乐每天从幼儿园出来，总是缠着妈妈要这要那。乐乐平均每天就要花掉两三元钱，妈妈粗略地算一下，乐乐一个月要花掉六七十元，一年下来也是一笔不算小的支出。能不能把这笔钱存起来呢？她开始有意识地让乐乐了解储蓄，懂得储蓄。

有一段时间，乐乐非常想得到一个价值30元的玩具四驱车。妈妈利用乐乐想买玩具的强烈愿望，因势利导，激起他存钱的兴趣。她对乐乐说，假如你一天不吃零食，妈妈就给你存1元钱，这样一个月就能存30元，那时就可以买四驱车了。这以后的许多天里，乐乐竟然抵制住了零食的诱惑，终于成功地存够了30元钱。

当他拿到心爱的玩具时，妈妈带乐乐参观银行，让他看妈妈把工资存入银行的过程，并教给他一些储蓄的基本知识，告诉他钱存入银行不仅安全方便，可以得到利息，而且还能为国家建设做贡献。随后，妈妈给乐乐制订了一个个有具体目标的储蓄计划：比如从最初的存30元的四驱车的钱，到存50元的大积木的钱，再到存80元的滑冰鞋的钱，储蓄的目标越来越高。存钱的周期也逐渐延长。现在，快要上小学的乐乐正在一点一点地为存足156元买小写字桌而努力呢！

储蓄是理财的基础。为引导孩子学会储蓄，父母可以充分利用孩子想买一些价格较贵东西时机，如他想买一个价值40元的玩具，你就可以告诉孩子："你想买可以，但是我每周只能给10元钱，等到你存够40元时，你才能买来玩。"这样做的目的就是为了培养孩子的储蓄意识。

另外，父母也可以陪孩子到银行办理账户的申请，可趁机教导一些存取款的手续和知识。当孩子拥有自己的一本存款簿，知道其中的数字意义，他会愉快地看着日渐增加的存款，进而养成良好的储蓄习惯。如果存款簿的数字很少，而又有想买的东西时，孩子自然得加紧储蓄了。

2.和孩子一起拟订消费计划

暑假到了，爸爸妈妈要带11岁的小明从北京出发到青岛旅游，小明没想到妈妈却把这次一家三口的旅途开支任务交给了自己。计划是在青岛玩5天，开支不得超出5000元，而且结余归己。

小明事先设计了一个简易账本，其中分总额、支出、备注三大项，在支出栏中，小明将每天的花费情况都逐一对应地记录在账本上，而且每天都搞预算，原则上是：只许结余，不准超支。5天下来共花费4700元，其中：车费1500元，景点门票费1200元，食宿费1000元，购物费1000元，这样回到家中还结余300元，作为父母对自己的一项奖励。

小明通过一次亲身消费体验，树立了节俭、节省的观念，学会了如何用较少的钱去办较多的事。

对许多孩子来讲，在家里没有太多的生活开支让他们承担，但当他们长大后开始自己付水电费，买食物和衣服以及付交通费用时，会因缺少经验而束手无策。为了帮助孩子为未来生活做好准备，家长可以协助孩子拟订一个消费计划并正确执行，让孩子通过亲身的消费体验，学会精打细算，不乱花钱，不浪费钱财。

3.向孩子公开家里的经济状况

父母要让孩子了解到家庭的实际消费承受能力。让孩子了解家庭的财政收支情况，清楚自己家庭的经济账，明白家庭的经济承受能力，理解家长在开销上的节省和限制，让孩子量力消费。在父母的经济承受能力内来消费，才能够让孩子做到合理消费，从而培养出孩子正确的消费观和理财观，帮孩子克服攀比心理和乱花钱的毛病。

我们先来看一位爸爸的亲身经历：

几天前，我和儿子去逛超市。儿子一眼就看中了一款玩具，他在玩具前面徘徊了好久，我一看儿子那渴望的表情，就过去拿起玩具放进了购物车。可是儿子竟然迅速从购物车中将玩具拿了出来，踮着脚放回货架上。

我惊讶地望着他，他却一本正经地指着玩具下面的价签说："太贵了，爸爸。一百多块呢！我不要。"我当时真是无比吃惊。要知道，之前只要是儿子看中的东西，他才不管贵贱呢。

走出超市后，我问儿子为什么不要那个玩具，儿子说："爸爸，前几天您不是告诉我了吗？妈妈生病在家，就您一个人挣钱。我要学会节约，您说我说的对吗？"

听着我那刚8岁的儿子说出这样的话，我感动之余也无限感慨——原来适当地让儿子知道一下我们的家底也是一件好事，这竟然让他一下子变得懂事了。

让孩子了解家中的经济状况，也是让孩子参与家庭理财的一种方法，不仅可以使孩子体谅家长的难处，避免孩子整天嚷着买这买那，而且还可以使孩子在家庭经济走入困境时，为家长分忧解难。

4.鼓励孩子自己挣钱

现在，大多数孩子只管伸手要钱，似乎永远是当然的消费者，从来没有通过自己劳动挣钱的体验。他们不是靠自己的付出得到等价的报酬，却有着强烈的消费需求和欲望，使他们对钱没有一个正确的认识，这其实是我们对孩子教育中的一个盲点。所以，家长要多培养孩子的劳动能力，让孩子理解，金钱是通过劳动取得的，让孩子懂得勤劳致富光荣、好逸恶劳可耻。父母还可引导孩子适当参加劳动，以获得劳动报酬，体验用劳动换取金钱的快乐。

刘力扬是小学四年级的学生，父母很少给他零花钱，因为他们希望孩子养成节约、不乱花钱的好习惯，但是妈妈会让孩子通过做家务的方式来挣取零花钱。她经常对刘力扬说："钱都是靠劳动得到的，如果你给妈妈帮忙，妈妈就会付给你一定的劳动报酬。"

每个周末，刘力扬都会自觉地做家务，扫地、擦拭家具，整理厨房等。最初刘力扬不知道该怎么打扫，工作效率低，妈妈只付给孩子3元零花钱。后来他越来越熟练了，效率提高了，报酬也随之增加。

虽然孩子的钱越来越多，可是妈妈不担心孩子有自己的收入了，就不再干家务，因为刘力扬经常对妈妈说："妈妈，你上班很辛苦，回来还要做家务，一定很累，我能帮你分担，是一件很开心的事。"妈妈很欣慰，因为通过劳动，孩子不仅学会了用劳动换取金钱，还学会了体贴父母。

鼓励孩子自己挣钱，是以培养孩子富有开拓精神、能够成为一个自食其力的人为出发点的。只有体会到了挣钱的不易，孩子才会改正大手大脚、挥霍浪费的坏习惯，而开始精心地计划自己的财务收支，这样就逐渐提高了他的理财能力。孩子在体验中也学会了理财的方法。

自我反省，培养孩子的反思能力

自省即自我反省，它是一个人得以认识自己、分析自己，并有效提高自己的最佳途径。自省，是对自己的行为思想做深刻检查和思考、修正人生道路的一种方法。苏格拉底曾说："未经自省的生命是不值得存在的。"也就是说，人都必须学会自我反省，只有懂得自我反省，才能认识自我、完善自我，不断地取得进步。

一般来说，能够时时反省自己的人，是非常了解自己的人。他们会时时考虑：我到底有多少力量？我能干些什么事？我的缺点在哪里？我有没有做错什么？……这样一来，他们能够轻而易举地找出自己的优点和缺点，为以后的行动打下基础。

善于自我反省的人，生活中处处都是提高自我的机会。古今中外许多伟人和上帝，就是通过反省来战胜自己内在的敌人，打扫自己思想灵魂深处的污垢尘埃，减轻精神痛苦，从而净化自己的精神境界。

著名作家梁晓声曾在《随想录》里回忆说，少年时代的他曾是一个爱撒谎的孩子，总是企图用谎话推掉自己对于某件事的责任。可是，这种撒谎的行为常常使他产生浓重的内疚感，他意识到自己在做不好的事，但还是忍不住去做，这使他处于非常矛盾的境地。

正是这样一种并不很坚定的自省意识，使他逐渐抑制住了爱撒谎的不好苗头，消灭了一种消极品性滋长的可能性。

1977年，梁晓声从复旦大学毕业。在去北京的火车上，他细细反省了一下自己在复旦3年的所作所为，将自己做过的亏心事细数了一遍。透过这些亏心事，梁晓声认识到了自身性格中的不少消极因素，诸如怯懦、"随风倒"等。认清了这些消极因素，梁晓声就通过自觉的努力去克服它们，从而使自己的性格朝着有利于成功的方向发展。

梁晓声说："我的最首位的人生信条是：'自己教育自己。'"他把反省列在人生信条的首位，肯定是有他自己的道理的。通过自省，他得以清晰地认识到自己性格中的种种消极因素，自觉地抑制这些因素的扩张。

人非圣贤，孰能无过。人活在世上，谁都难免有这样或那样的缺点和错误，谁都难免有丑陋的一面。就连爱因斯坦都宣称，他的错误占90%，那么普通人身上的错误就更不用说了。所以，每个人都要经常跳出自身反省自己，取出自己的心，一再地检视它，这样才能真正了解自己。

对成人而言，具备自我反省的能力，就能正确地认识自己的优缺点，自尊、自律，有计划地规划自己的人生。遇到困难和挫折时，能够及时调整自己的情绪，积极进取，渡过一次次难关，一步步走向成功。对于孩子来说，学会自我反省，更是关系到他们当前的良好发展和日后的人格塑造。一个不懂得自我反省的孩子，永远不会懂得自己的过错与不足，这只能为他们的成长平添许多障碍与烦恼，反之，当孩子学会了内省，便能做到"扬长避短"，获得良好的进步和发展，从而成为一个自信、自立、自律的人。只有这样的人，才能顺利地越过成长过程中的障碍，抵达成功的彼岸。

　　有一个叫刘磊的学生由于家里经济条件不太好，被迫选择在家乡的一所大学走读。感到委屈的他，有一天在和父亲发生激烈的争吵后，冲动之下在交给老师的卡片上写下了一句"我是傻瓜的儿子"。卡片交给老师之后，刘磊便感到有些后悔，开始变得惴惴不安起来。第二天上课的时候，老师并没有专门向他说什么，只是在发还给他的卡片上写了简短的一句话："是不是'傻瓜的儿子'与一个人未来的人生有多少关系呢？"老师的话引起了刘磊深深的反思："我常常把不顺心的事情归咎于父母，总是想：如果不是因为他们没有钱，如果不是他们错误的干涉，如果不是他们没有本事，我就不至于落到这个地步。而对于自己却缺少自知之明，理直气壮地认为自己总是对的，就好像是一个不公正的裁判员，总是把成功归功于自己，把失败推诿给父母。"老师简单的一句话引发了刘磊的反省，让他从"自我中心"中跳出来，检讨自己，并学会去做一个有责任感的人。变化在不知不觉中发生了，一个学期之后，刘磊的学习成绩提高了，朋友也增多了，而最令人欣喜的是，和父亲的隔阂完全消失了。

　　事实证明，自我反省能力能够促使孩子更快地成长。他们通过反省及时修正错误，不断地调整自己的心态和做事方法，所以孩子掌握了自我反省的能力，就等于掌握了自我完善和健康成长的秘方。

　　爱默生曾说："人类唯一的责任就是对自己真实，自省不仅不会使他孤立，反而会带领他进入一个伟大的领域。"自我反省是孩子成长的一个秘诀。成长是一个不断摸索的过程，难免在此过程中不断地犯错误。对成长中的孩子来说，反省的过程就是学习的过程。有没有自我反省的能力、具不具备自我反省的精神，决定了孩子能不能认识到自己所犯的错误，能不能改正所犯的错误，是否能够不断地学到新东西。父母想要孩子更快地成长，就必须让孩子学会自我反省，找到自己的优点和缺点，进而发扬优点、改正缺点，取得阶梯式的进步。

1.让孩子养成自我反省的习惯

我国宋代著名理学家朱熹说过这样一句话："日省其身，有则改之，无则加勉。"这就是说，在日常生活中要让孩子时常自我反省一下，不管有没有过失都会对自身成长有利。

著名作家李奥·巴斯卡力写了大量关于爱与人际关系方面的书籍，影响了许多人的生活。据说，他之所以有这样卓越的成就完全得力于小时候父亲对他的教育，因为每当吃完饭时，他父亲就会问他："李奥，你今天学了些什么？"这时李奥就会把在学校学到的东西告诉父亲。如果实在没什么好说的，他就会跑进书房拿出百科全书学一点东西告诉父亲后才上床睡觉。这个习惯一直到今天还坚持着，每天晚上他就会拿十年前父亲问他的那句话来问自己，若当天没学到什么新知识，他是不会上床睡觉的。这个习惯时时刺激他不断地汲取新的知识，产生新的思想，不断进步。

能够反省自己错误的孩子，可以做到扬长避短，更好地表现自己。不具备自我反省能力的孩子，则不会总结自己的经验教训，会不断地重复同样的错误，更谈不上发展自己了。因此，父母要让孩子随时认识自己，提高孩子的自我反省能力，鼓励他们每隔一段时间或者每天对自己的行为进行反思。家长们不妨在每天结束时，让孩子好好问问自己下面的问题：今天我到底学到些什么？我有什么样的改进？我是否对所做的一切感到满意？如果孩子每天都能改进自己的能力并且过得很快乐，必然能获得意想不到的丰富人生。真诚地面对这些提出的问题就是反省，其目的就是让孩子不断地突破自我的局限，省察自己，开创成功的人生。

2.让孩子自己承担犯错的后果

周日，小亮和几个小朋友整整玩了一天。晚上，他又不肯早点睡觉，看电视直到11点。结果第二天早上，他没有按时起床。

上学的时间已经过了，妈妈发现小亮还在睡觉，但是，她没有叫醒他。当小亮像平常一样背着小书包来到学校时，他发现同学们已经上完一节课了。结果可想而知，他被老师狠狠地批评了一通。

回到家后，心情沮丧的小亮开始埋怨妈妈没有叫他起床，这位聪明的妈妈对儿子说："小亮，明知道第二天上学，你为什么不早点睡觉？你总习惯别人提醒你做你自己的事，但别人是不可能一辈子提醒你的。你要学会自己提醒自己，做错事后自己反省自己的错误！"

从此以后，小亮很少犯同样的错误。

孩子做错了事，许多家长常常替孩子去承担犯错的后果，使孩子觉得做错了也没关系，丧失责任心，不利于培养其自我反省的能力，使他以后容易再犯类似的错误。所以，家长应该让孩子自己去承担犯错的后果，让孩子明白，一旦犯错，将会造成不良甚至严重的后果。

3.引导孩子总结经验教训

让孩子学会总结经验教训，其实就是在帮助孩子养成自我反省的习惯。当孩子犯错误时，父母不要越俎代庖，替孩子做总结，而是要引导孩子进行自我总结和自我反省。

有一次，爸爸带小明去逛街。小明看到了一双带皮毛的漂亮皮鞋，非常喜欢，就吵着要爸爸买下来。爸爸不同意，因为这是一双木头做的鞋子，不适合孩子穿。

小明哭闹着执意要买。爸爸想了想，就对小明说："我可以答应给你买这双鞋子，但是，你要承诺，买了以后你必须穿这双鞋子，否则我就不给你买。"

小明想着可以买自己心爱的鞋子，高兴地答应了。

谁知，鞋子买回来后，小明才发现穿起来会"喀嗒喀嗒"作响，非常不舒服。如果长时间穿这双鞋子，脚会很累。现在他才知道父亲之所以不让自己买这双鞋子的原因，自己确实太虚荣了，现在穿这双鞋子简直就是受罪。这个时候，小明深深地意识到自己的虚荣，他甚至愿意付出一切代价，只要能不穿这双鞋子。

聪明的父亲看出了小明的想法，他对小明说："孩子，我并不强迫你去穿这双鞋子，但是，你要学会反省自己，不要让自己陷入不良思想的陷阱。"

虽然父亲没有强迫小明再穿这双鞋子，但是，小明觉得应该给自己一个警示。于是，小明把这双鞋子挂在自己房间里容易看到的地方，让它时刻提醒自己不要任性，不要贪图虚荣。

当孩子犯了错误，父母不必想方设法地加以限制或阻止，而是要帮助孩子找到错误，认识错误，更正错误。及时给予孩子正确的教育和引导，让孩子在错误中总结经验教训，学会反省，改正错误。

善于交流，培养孩子的沟通能力

沟通是一种能力，是人际交往中必不可少的一门艺术。在市场经济高速发展的现代社会，沟通的重要性正在不断加强。现代管理之父德鲁克曾说："一个人必须知道该说什么，一个人必须知道什么时候说，一个人必须知道对谁说，一个人必须知道怎么说 。"美国石油大王洛克菲勒说："假如人际沟通能力也是同糖或咖啡一样商品的话，我愿意付出比太阳底下任何东西都珍贵的价格购买这种能力。"由此可见，沟通是很重要的。沟通，是建立人际关系的桥梁。如果这个世界缺少了沟通，那将是一个不可想象的世界。

在这个世界上，沟通时时刻刻都在发生。家人之间需要沟通，朋友之间需要沟通，同事之间需要沟通，上下级之间需要沟通……只要有人在的地方都需要沟通。研究发现，沟通在人的社会生活中占有重要地位，人在醒着的时候，大约有70%的时间都在进行着各种各样的沟通，沟通的质量也是现代生活的标志之一。正因为人们有了相互间的思想"沟通"与"交流"，人类才得以不断进步，社会才得以不断发展，新生事物才得以不断涌现，这个世界才充满了生机和活力。

现代社会是一个沟通的社会，从小培养孩子与人沟通的意识，增强孩子与人沟通的能力，对孩子性格的塑造、人格的培养乃至将来的发展都有着非常重要的作用。

但在有些家庭中，父母只关注孩子的学习成绩，孩子不懂得如何正确表达自己，不理解父母，同时孩子非常缺乏待人处世的能力，见人不会说话，师生、同学关系也常会产生问题，就会影响孩子学习的效果与个性的发展，这也是近年来中小学生心理问题逐年增多的原因之一。

在现实生活中，我们常常可看到这些情况：有的孩子在家里活泼好动，聪明伶俐，而一旦来到新的环境接触陌生人时，就会变得胆怯腼腆，呆板笨拙；有的孩子在学校里独自游戏、自言自语、显得很不合群；有的孩子则恰恰相反，与人交往处处逞强，横行霸道，显得盛气凌人；还有的孩子遇到熟人时，即使大人强迫其对人要有礼貌，他也缄口不语，设法躲避。这些情况的发生都是因为孩子缺乏与人沟通交流的能力。

沟通决定着一个人人际关系的好坏，甚至影响着其一生的得失成败。孩子是否善于与人沟通，是家庭教育中社会化过程成功与否的重要标志，也是孩子未来是否能够把握机遇、收获幸福的关键。

小芳和小颖是大学同学。大学四年，小颖把所有的精力都放在了学习上，考完英语攻韩语，除了吃饭睡觉外，她把所有的时间都用在了学习上，学校组织的任何活动都见不到她的身影。但小芳却不同，不管什么活动总能看到她在人群中穿梭的身影，也因为她是学生会副主席的缘故，学校里没有她不认识的人，无论是刚进校门的新生还是快要毕业的学长、学姐，小芳总能和他们聊上几句。当然了，小芳也并没有因此而耽误自己的学习。她顺利地通过了英语专业八级考试，并选修了心理学课程。

等到快要毕业时，小芳已被一家知名外企聘用。而小颖本以为凭借自己的能力，定能找到一家不错的公司，但每次面试的结果都是让其回家等通知，自然是任何通知都未等来。后来，小颖先后在几家小公司任职，但是工作没几个月，便被老板婉言辞退了。小颖总觉得老板有眼无珠，不识自己才华，却不知正是自己不合群的性格害了她。每天小颖一到办公室就坐到自己的办公桌上忙碌起来，同事们跟她打招呼时，她也爱搭不理的，别人请她帮忙，她也总说自己有工作要忙，没时间。碰了两次壁之后，大家自然也都把她当成了公司里的"隐形人"。

相较而言，小芳却面带微笑，谁要是有什么需要帮助的，她就赶紧跑过去帮忙，然后适时地和人说上几句。若遇到同事，虽然有些不知道姓名、具体工作是什么，但小芳总会热情地打招呼。下班之后，也总会和同事们走街串巷，淘些衣服饰品，品尝特色小吃。工作不到一年的时间，小芳不但得到了大家的一致好评，还得到了晋升。

很显然，在具备了一定的专业知识和技能之后，良好地与人相处，广泛地与人交流，密切地与人合作，则是获得成功的一个重要前提。

有效沟通是关系个人事业、个人生活成功的关键之一。懂得沟通，可以让孩子交到更多的朋友，获得更多的信任与尊重；学会沟通，能教会孩子理解他人、体恤他人，也会让孩子变得更加懂事；善于沟通，可以让孩子为自己创造一个温馨、和谐、友好的成长环境。培养孩子与人沟通的能力，就等于帮助孩子搭起了融入社会、融入时代，从而步入人生、步入成功的桥梁。

1.给孩子提供沟通的机会

生活中，家长要鼓励孩子多参加集体活动。兴趣小组、公益活动、旅游、团体性的体育锻炼，都是促进孩子与别人沟通的好途径。家长也可以邀请一些孩子到自己家里来玩，家长还可以带孩子去有孩子的朋友、亲戚家串门。鼓励孩子学会与长辈熟人打招呼，得到别人的赞许和表扬，提高孩子与别人交往的能力。这样孩子的沟通能力一定会有很大的提高与发展。

2.家长要与孩子进行有效的沟通

家庭沟通是孩子沟通的基础，主要是孩子与父母的沟通。要实现与孩子的良性沟通，关键在于父母。父母应该努力为孩子创造一种家庭沟通的氛围，比如每天或每周规定与孩子交谈的时间，或在晚饭后的"小议"，或在周末的"相约"。注意寻找孩子感兴趣的话题，认真聆听孩子内心深处的声音。要真正走到孩子的心里，哪怕父母对孩子谈话的内容不感兴趣，也要认真听，让孩子感到自己受到了尊重。只有这样，孩子才愿意与父母沟通。孩子与父母建立了良好的沟通关系，为孩子上学后与老师和同学进行积极沟通打下了基础。

3.教孩子学会沟通的技能

某校发生了这样一件不愉快的事情：

一个班级的男生正在操场上认真地练习着跳高。孩子们都跳过了规定的高度，但有一个长得较矮胖的同学连跳两次没有跳过，第三次心里一阵紧张，不但没有跳过，还跌了个"狗吃屎"。同学们看到他的怪动作，虽引起一阵哄笑，仍有不少同学上前热情地将他扶起。可此时一个调皮的同学却冲着他说：没用的家伙，还是请你爸来帮你跳吧（父亲也长得矮胖）。矮胖的同学自尊心受到极大伤害，顿时脸色通红，火冒三丈，即要动武，幸被大家劝住。

为了避免这样的情况发生，家长要指导孩子学会一些沟通交往的技能和本领，如待人、接物、礼仪、谦让、谈吐、举止的规范，正确处理与伙伴间的关系，友好地与同伴交谈，用别人喜欢的名称招呼他人，赞扬他人时要诚心诚意，批评他人时要与人为善等，让孩子认识到：人与人之间是平等的，在交往中需要的是尊重和理解。